Trennkost aus dem Wok

Ursula Summm

Wer denkt bei Asien nicht an scharfe Gewürze, unbekannte Früchte und andere exotische Zutaten? Zitronengras, Ingwer, Kokos, Curry und Chili zaubern im Handumdrehen landestypisches Flair in Ihre Küche. Wenn Sie dann auch noch im Wok garen, steht dem fernöstlichen Genuss nichts mehr im Weg. Und das beste: Alles lässt sich gut mit Ihrer Trennkost vereinbaren.

Inhalt

Alle Rezepte auf einen Blick

Rezept	Seite	kcal je Portion/Stück	Eiweiß	neutral	Kohlenhydrate	einfach	vegetarisch	schnell	vitaminreich	für Gäste
Ausgebackenes Gemüse	12	410			✔	✔	✔			
Auberginen-Joghurt-Salat	12	200		✔		✔	✔			
Tomaten-Zwiebel-Salat	14	170		✔		✔	✔		✔	
Salat aus Mungobohnenkeimen	15	180	✔			✔	✔	✔	✔	
Garnelensalat	16	250	✔			✔				✔
Gebratene Eier mit Räucherlachs	17	370	✔			✔		✔		
Eier in Joghurtsauce	18	300	✔			✔	✔	✔		
Rührei mit schwarzen Pilzen	19	420	✔			✔	✔			
Garnelen mit Staudensellerie	20	180	✔			✔		✔		✔
Sashimi vom Lachs	20	510	✔			✔			✔	✔
Huhn mit Sesamsauce	22	430	✔			✔				
Poulardenbrust mit Sprossen	23	480	✔			✔				
Japanischer Eierstich	24	110	✔							✔
Papaya-Topf mit Garnelen	25	240	✔			✔	✔		✔	
Reisnudelsuppe	26	160			✔	✔	✔	✔		
Gemüsesuppe mit Ingwer	26	90		✔		✔	✔	✔	✔	
Tomatensuppe mit Rindfleisch	28	320	✔			✔			✔	
Rindfleischsuppe mit Omelett	29	290	✔							✔
Geflügel-Kokos-Suppe	30	190	✔			✔				✔
Sauer-würzige Fischsuppe	31	180	✔			✔				✔
Reispapiersäckchen mit Pilzen	32	780			✔		✔			✔
Gemüse mit knusprigen Nudeln	34	540			✔	✔	✔	✔		
Glasnudeln mit Pilzen	35	290			✔	✔	✔			
Kartoffelragout mit Pilzen	36	280			✔	✔	✔		✔	
Pfannengerührtes Gemüse	36	270		✔		✔	✔	✔	✔	

Rezept	Seite	kcal je Portion/Stück	Eiweiß	neutral	Kohlenhydrate	einfach	vegetarisch	schnell	vitaminreich	für Gäste
Auberginentopf mit Kokosnuss	38	250		✔		✔	✔	✔		
Rinderfilet mit Sprossengemüse	39	330	✔			✔		✔	✔	
Chinesisches Fondue	40	260	✔			✔				✔
Chicken Madras	41	480	✔			✔				
Hähnchenbrust mit Basilikum	42	310	✔			✔		✔		
Entenbrust mit Zwergorangen	42	520	✔							✔
Fischfilets mit Limettensauce	44	170	✔			✔		✔		
Fisch in Zellophan	45	280	✔					✔		✔
Glasierte Möhren mit Honig	46	310		✔		✔	✔	✔	✔	
Frittierte Zucchini	46	350			✔	✔	✔		✔	
Kartoffelbällchen	48	340			✔		✔			
Brokkoli mit Knoblauch	49	210		✔		✔	✔	✔	✔	
Frühlingsgemüse	50	190		✔		✔	✔		✔	
Pak-Choi mit Cashewkernen	51	150		✔		✔	✔	✔		
Austernpilze mit Knoblauchsauce	52	160		✔		✔	✔	✔		
Kräuterjoghurt	52	90		✔		✔	✔	✔		
Massam-Currypaste	54	60		✔		✔	✔	✔		
Chilisauce mit Koriander	55	70		✔		✔	✔	✔		
Walnussmus mit Feigen	56	420			✔	✔	✔	✔		
Frittierte Äpfel mit Sesam	56	390			✔	✔	✔	✔		
Gebackene Bananen mit Honig	58	440			✔	✔	✔	✔		✔
Gefüllte Kantalupe-Melone	59	160	✔				✔		✔	✔
Exotischer Fruchtsalat	60	200	✔				✔		✔	
Ananaseis mit Kokosraspeln	60	460	✔				✔			✔

Trennkost asiatisch genießen

Die Trennkost gehört zu den beliebtesten Ernährungskonzepten unserer Zeit. Kein Wunder, Gesundheit und Wohlbefinden lassen sich auf einfache Weise steigern und trotzdem darf auch mal nach Lust und Laune geschlemmt werden. Das schadet selbst der schlanken Linie nicht. Im Gegenteil: Viele haben mit Trennkost ihr Wunschgewicht erreicht.

Was liegt da näher, als seinen Speiseplan um leckere Gerichte aus anderen Ländern zu erweitern? Wie wäre es mit Köstlichkeiten aus dem Wok? Die asiatische Küche erfreut sich bei uns schon länger großer Beliebtheit. Am Anfang waren es die chinesischen Restaurants, die die Menschen anzogen, später kamen „Inder", „Thailänder" oder japanische Sushi-Bars hinzu. In diesem Buch zeigen wir Ihnen, dass sich asiatische Gerichte, besonders wenn sie im Wok zubereitet sind, hervorragend mit der Trennkostlehre vereinbaren lassen. Begeben Sie sich nun auf eine Reise in einen fernen und exotischen Kontinent und entdecken Sie „Trennkost aus dem Wok".

Asien – faszinierend und widersprüchlich

Wer durch Asien reist, erlebt einen Kontinent voller fremdartiger Kulturen und faszinierender Gegensätze: Modernität, Fortschrittsglaube und High-Tech auf der einen Seite, das Festhalten an Traditionen und uralten Bräuchen auf der anderen.

Ähnlich bunt und fremdartig zeigt sich die asiatische Küche: Unbekannte Gewürze, exotische Zutaten und ungewöhnliche Kochweisen führen immer wieder zu neuen Geschmackserlebnissen. Hinzu kommt die ungeheure Vielfalt der asiatischen Regionalküchen: In Peking zum Beispiel hat man eine eher feine Küche entwickelt, in der Szetchuan-Küche im Westen Chinas isst man dagegen besonders scharf gewürzt. Wie unterschiedlich sind da erst die Kochweisen, die man in Thailand, Indien, Indonesien oder gar in Japan vorfindet? Doch trotz aller Unterschiede gibt es auch Gemeinsamkeiten. So verwenden alle Asiaten gern und viel Gemüse ebenso wie Reis und Teigwaren. Ähnlichkeiten gibt es auch in der Art der Zubereitung: Hier zeigt sich, dass das Garen im Wok für viele asiatische Gerichte besonders gut geeignet ist.

Garen im Wok

Ursprünglich in China erfunden, avancierte der Wok schon bald zu einem allseits geschätzten Kochgerät. Der Wok hat gegenüber herkömmlichen Töpfen einen entscheidenden Vorteil: In ihm verteilt sich die Hitze besonders gut, da sie nicht nur am Boden bleibt, sondern aufgrund guter Wärmeleitung weiter die Außenwände hochsteigt. Außerdem liegen die Zutaten im Wok nicht übereinander, sondern verteilen sich auf der ganzen Innenfläche. Werden die Zutaten nun ständig gerührt, garen sie gleichmäßig und zwar in Minutenschnelle. Das spart Zeit und schont die wertvollen Vitalstoffe, zumal echtes Wokgemüse immer noch Biss haben sollte, wenn es serviert wird.

Wir stellen Ihnen hier asiatische Gerichte vor, die sich gut in den Trennkost-Speiseplan einfügen lassen. Die meisten Rezepte kommen aus Thailand und China, einige auch aus Indien und Japan. Auf den nächsten Seiten finden Sie zunächst einen Überblick über die wichtigsten Prinzipien der Trennkostlehre.

Gesund und fit mit Trennkost

Das **Trennungsprinzip** ist ein wesentliches Merkmal der Trennkost und bedeutet, dass überwiegend eiweißhaltige Nahrungsmittel (Fleisch, Fisch oder Eier) und überwiegend kohlenhydrathaltige Nahrungsmittel (Kartoffeln, Reis oder Brot) getrennt verzehrt werden. In der Praxis ist das Trennen ganz einfach: Essen Sie mittags zum Beispiel eiweißreiche Lebensmittel wie Fleisch oder Fisch und bereiten Sie sich abends eine Kohlenhydratmahlzeit aus Kartoffeln oder Reis zu. Wenn Sie wollen, können Sie die Reihenfolge auch tauschen. Wichtig ist nur, eiweißreiche Lebensmittel nicht mit kohlenhydratreichen innerhalb einer Mahlzeit zu kombinieren.
Eine ideale Ergänzung für beide Mahlzeiten sind Gemüse und Salate. Diese Lebensmittel gehören zu der so genannten „neutralen Gruppe", die sich sowohl mit Eiweißen als auch mit Kohlenhydraten verträgt. Eine neutrale Mahlzeit können Sie natürlich auch für sich allein essen, zum Beispiel als kleines Gericht zwischendurch oder am Abend, wenn Sie einfach nur einen großen Salatteller essen möchten.
Doch welche Nahrungsmittel müssen nun getrennt und welche können gemeinsam verzehrt werden? Der Trennungsplan auf den Seiten 8 und 9 macht es Ihnen ganz leicht. Hier können Sie nachsehen, welche Lebensmittel in welche Gruppe gehören.

Sinn und Zweck der Trennung ist es, die Verdauungsorgane bei ihrer täglichen Arbeit zu entlasten und den Verlust unnötiger Energien zu vermeiden. Deshalb fühlt man sich selbst nach einer reichhaltigen Mahlzeit frisch und fit. Das ist bei einer gemischten Kost oft anders. Viele werden hier kurz nach dem Essen von einer bleiernen Müdigkeit befallen oder leiden an Sodbrennen, Völlegefühl oder Blähungen. Ungünstig zusammengestellte Nahrungsmittel können aber auch die Entstehung von chronischen Krankheiten wie Herz-Kreislauf-Störungen oder Arthrose begünstigen.

Die Erreichung und das Einhalten eines **Säuren-Basen-Gleichgewichts** im Körper ist ein weiteres wesentliches Ziel der Trennkost. Um diesen sehr komplexen Zusammenhang besser zu verstehen, stellen Sie sich den eigenen Körper einmal als eine kleine biochemische Fabrik vor: Alle Speisen und Getränke, die wir zu uns nehmen, werden mithilfe der Verdauungssäfte in kleinste Bausteine zerlegt und in die Blutbahn aufgenommen. Unser Stoffwechsel gewinnt daraus Energie und Aufbaumaterial. Trotz scheinbar reibungslos ablaufender Prozesse bleiben im Körper saure Abfallstoffe zurück. „Sauer" reagiert unser Organismus auch auf eine ungesunde Lebensweise und zu viel Kaffee, Alkohol oder Nikotin.
Zum Glück verfügen wir über ein gut funktionierendes Puffersystem, das diese sauren Substanzen neutralisiert und zum großen Teil über Nieren, Darm, Haut und Lungen wieder ausscheidet.

Doch eine unaufhörliche Überflutung mit sauren Abfallstoffen kann auch der gesündeste Organismus auf Dauer nicht verkraften: Der Körper übersäuert. Ein erstes Anzeichen kann eine andauernde, bleierne Müdigkeit sein. Da der Prozess der Übersäuerung recht schleichend vor sich geht, wird er nur wenig beachtet. In der Tat lässt sich unser Körper auch lange Zeit nichts anmerken, doch mit zunehmenden Alter können daraus die allen bekannten Zivilisationskrankheiten entstehen.
Als Ausgleich zu den gebildeten Säuren hat die Natur einen Gegenspieler, die so genannten Basen, geschaffen. Sie haben eine neutralisierende Wirkung und verhindern auf diese Weise eine Übersäuerung. Zu den Basenbildnern zählen Gemüse, Salate, Obst, Keimlinge, Nüsse, Samen und Kartoffeln. Säurebildner sind dagegen Fleisch, Fisch, Eier und Käse, aber auch Zucker, polierter Reis und Weißmehlprodukte.

Die Berücksichtigung der **Vollwertkost** gehört ebenfalls zu den Prinzipien der Trennkost. Bevorzugen Sie deshalb naturbelassene Nahrungsmittel. Diese sind möglichst wenig bearbeitet. Vorteil: Der natürliche Gehalt an Vitalstoffen bleibt weitgehend erhalten. Zu den Vitalstoffen gehören lebenswichtige Vitamine, Mineral- und Ballaststoffe. Diese braucht unser Körper, um gesund und leistungsfähig zu bleiben. Vollkornprodukte und Rohkost sind jedoch nicht immer leicht verträglich. Wer einen empfindlichen Magen oder Darm hat, sollte seine Ernährung deshalb langsam umstellen und zunächst ausprobieren, welche Gemüsesorten er auch roh essen kann oder welches Vollkornbrot er verträgt. Besonders wichtig ist auch eine ausreichende Flüssigkeitszufuhr von täglich 1½ bis 2 Litern. Empfehlenswert sind Kräuter- und andere Tees, Mineralwasser oder verdünnte Obstsäfte.

Darüber hinaus lässt sich die Trennkost auch mit der Familie gut vereinbaren: Wer nicht trennen möchte, ergänzt seine Mahlzeiten ganz einfach durch entsprechende Beilagen. Wie Sie Trennkost im Alltag umsetzen können, zeigt das folgende Beispiel:

Ein Tag mit Trennkost

Frühstück
z. B. Vollkornbrot mit Quark und Radieschen

Zwischendurch
z. B. Hüttenkäse mit klein geschnittenem Apfel

Mittagessen
Eiweiß: z. B. Chicken Madras (S. 41), dazu: Grüner Salat (neutral)
oder
Kohlenhydrate: z. B. Glasnudeln mit Pilzen (S. 35), dazu: Tomatensalat (neutral)

Nachmittags
z. B. Vollkorngebäck

Abendessen
Kohlenhydrate: z. B. Kartoffelbällchen (S. 48) mit Kräuterjoghurt (S. 52)
oder
Eiweiß: z. B. Gebr. Eier mit Räucherlachs (S. 17)

So wird die asiatische Küche trennkostgerecht

Der hohe Gemüseanteil asiatischer Speisen kommt der Trennkost grundsätzlich sehr entgegen. Viele der neutralen Gemüsegerichte lassen sich deshalb gut mit Fleisch oder Fisch kombinieren oder aber mit Reis oder Nudeln zu einer Kohlenhydratmahlzeit ergänzen. Weniger empfehlenswert ist dagegen der geschälte, asiatische Klebe- oder Duftreis. Sie können ihn aber nach Belieben durch Vollkornreis ersetzen.
Auch einige Würzsaucen, wie z. B. Fisch- oder Austernsauce, haben wir bei den Rezepten ausgespart, weil sie stark verarbeitet sind und teilweise künstliche Geschmacksverstärker enthalten. Die breite Palette an asiatischen Gewürzen bietet Ihnen jedoch viele Möglichkeiten, Gerichte schmackhaft und abwechslungsreich zuzubereiten. Probieren Sie es aus.
Günstig ist auch das nährstoffschonende Garen im Wok. Dabei können Sie den Wok nicht nur zum Braten, sondern auch zum Kochen, Schmoren, Frittieren und Dämpfen einsetzen. Genauere Hinweise dazu finden Sie im Rezeptteil. Beachten Sie aber, dass der Wok selbst vor dem Garen vorbereitet werden muss: Erhitzen Sie dafür zunächst 1 EL Öl im Wok, schwenken ihn damit aus und gießen das Öl wieder ab. Diesen Vorgang wiederholen Sie einmal. Diese Vorbereitung ist wichtig, damit die Zutaten während des Garens im Wok nicht anhängen.
Wenn Sie keinen Wok haben, verwenden Sie das übliche Kochgeschirr. Und nun viel Spaß beim Ausprobieren und Genießen köstlicher Gerichte aus dem fernen Osten.

Kleines Küchenlexikon aus Asien

Curry
Gewürzmischung aus Ingwer, Kardamom, Koriander, Kümmel, Muskatblüte, Nelke, Pfeffer, Zimt.

Galgantwurzel
Gehört zur Familie der Ingwergewächse, ist aber milder als Ingwer und duftet nach Zitrusfrüchten. Zum Würzen von Suppen und Currypasten.

Kreuzkümmel
Wichtiges Gewürz der indischen Küche, schmeckt aromatisch-würzig, sparsam einsetzen.

Kurkuma
Gelbes Gewürzpulver, das ingwerähnlich duftet.

Mu-err-Pilze
Gehören zur Familie der Morcheln und werden auch Wolkenohrpilze genannt.

Reisessig
Hat einen geringen Säuregehalt, Ersatz: Balsamico-Essig in kleinen Mengen.

Reiswein
Wird in geringen Mengen zum Kochen verwendet, kann durch Sherry ersetzt werden.

Sojasauce
Hergestellt aus gelben Sojabohnen, Weizen, Gerste, Salz, Zucker, Hefe und Gewürzen.

Zitronengras
Duftet beim Zerreiben nach Zitrone und entwickelt ein Aroma aus Zitrone, Gras und Ingwer.

Trennungsplan

Innerhalb einer Mahlzeit dürfen zur Eiweiß- und zur Kohlenhydratgruppe gehörende Lebensmittel nicht gemischt werden.

Sie können aber eiweiß- und kohlenhydratreiche Nahrungsmittel mit Lebensmitteln aus der neutralen Gruppe kombinieren.

Eiweißgruppe

alle Fleischsorten im gegarten Zustand von Rind, Kalb, Lamm und Hammel; Schweinefleisch ist nicht empfehlenswert;

alle gegarten Geflügelsorten;

gegarte Wurstsorten, z. B. gebratene Bratwurst, Fleischwurst, Leberkäse, Rindswurst, Knacker, Corned Beef, gekochter Schinken, Geflügelwurst;

ungeräucherte, gegarte Fischsorten sowie Schalen- und Krustentiere im gegarten Zustand;

Sojaprodukte, z. B. Tofu, Sojasauce sowie mit Soja hergestellte Brotaufstriche;

Eier;

Milch aller Fettstufen;

Käse mit höchstens 50 % Fett i. Tr.;

gekochte Tomaten;

Getränke, z. B. Früchtetee, Apfelwein, herber Weiß- und Rotwein sowie Sekt;

Beerenfrüchte (außer Heidelbeeren);

Kernobst (außer mürben, süßen Äpfeln);

Steinobst;

Zitrusfrüchte, z. B. Orangen, Zitronen und Grapefruits;

exotisches Obst (außer Bananen). (Dr. Hay ordnet säurereiche Obstsorten zwar der Eiweißgruppe zu, jedoch hat es sich in meinen Gruppen bewährt, nur geringe Mengen davon mit anderen Lebensmitteln aus der Eiweißgruppe zu mischen. Oder essen Sie diese Obstsorten nur zusammen mit Milch oder angesäuerten Milchprodukten.)

Neutrale Gruppe

Fette, z. B. Öle (kaltgepresste bevorzugen), ungehärtete Margarinesorten mit einem hohen Anteil an mehrfach ungesättigten Fettsäuren (aus dem Reformhandel) und Butter;

gesäuerte Milchprodukte, z. B. Joghurt, aber auch vergorenes Molkekonzentrat;

süße Sahne und **Kaffeesahne;**

Käse mit mindestens 60 % Fett i. Tr.;

Weißkäse, z. B. Schafs- und Ziegenkäse, Mozzarella, körniger Frischkäse;

rohe, geräucherte Wurstwaren, z. B. Bündner Fleisch, roher Schinken, Salami, Debrecziner, Landjäger;

rohes Fleisch, z. B. Tatar (sollte aber möglichst gemieden werden);

rohe marinierte oder geräucherte Fischsorten, z. B. Schillerlocke, Makrele, Bismarckhering, Matjes;

folgende Gemüse- und Salatsorten sowie Pilze: Auberginen, Artischocken, Brokkoli, Blumenkohl, grüne Bohnen, grüne Erbsen, Fenchel, Gurken, Knoblauch, Kohlrabi, Lauch, frischer Mais, Möhren, Paprika, Peperoni, Radieschen, Rettich, Rote Beten, Rosenkohl, Rotkohl, Sauerkraut, Sellerie, Spargel, Spinat, rohe Tomaten, Weißkohl, Wirsing, Zwiebeln, Zucchini, alle Blattsalate (auch z. B. Eisberg-, Endivien- und Feldsalat), Chicorée und Chinakohl sowie Austernpilze, Champignons, Pfifferlinge & Co.;

Sprossen und Keimlinge;

Kräuter und Gewürze;

Nüsse und Samen (außer Erdnüssen), z. B. Haselnüsse, Kokosraspel, Mandeln, Sesam, Sonnenblumenkerne;

Heidelbeeren;

ungeschwefelte Rosinen;

Oliven;

Eigelb;

Hefe;

klare, hochprozentige Spirituosen;

Kräutertees;

Geliermittel, z. B. Gelatine, Agar-Agar, pflanzliche Bindemittel (z. B. aus Johannisbrotkernmehl).

Kohlenhydratgruppe

Getreidesorten, z. B. Dinkel, getrockneter Mais, Naturreis;

Buchweizen;

Vollkorngetreideerzeugnisse, z. B. Vollkornbrot, Vollkornnudeln;

folgende **Gemüse- und Obstsorten:** Kartoffeln, Topinambur, Grünkohl, Schwarzwurzeln, Bananen, ungeschwefeltes Trockenobst (außer Rosinen – sie sind neutral; Korinthen hingegen zählen zu den Kohlenhydraten), frische Datteln und Feigen und mürbe, süße Äpfel;

folgende **Süßungsmittel:** Frutilose (natürliche Fruchtsüße ohne Zuckerzusatz, aus dem Reformhaus), Honig, Ahornsirup, Birnen- und Apfeldicksaft;

Verschiedenes, wie z. B. Kartoffelstärke, Weinsteinbackpulver, Puddingpulver, Karobe;

Bier.

Bitte meiden

weißes Mehl und daraus hergestellte Produkte, z. B. süße und pikante Backwaren sowie Nudeln;

polierter Reis;

Zucker, Süßstoffe und damit hergestellte Produkte, z. B. Süßigkeiten und Marmeladen;

Fertiggerichte und Konserven;

getrocknete Hülsenfrüchte;

Erdnüsse;

Preiselbeeren;

Schweinefleisch sowie alle daraus hergestellten Produkte;

rohes Fleisch;

rohes Eiweiß von Eiern;

fertige Mayonnaise; säurereicher Essig;

gehärtete Fette, z. B. normale Margarinesorten und feste, weiße Frittier- und Bratfette (Plattenfette);

schwarzer Tee, Kaffee, Kakao und hochprozentige Spirituosen.

Ob Sie ganz auf die genannten Lebensmittel verzichten, liegt an Ihnen.

Die Rezepte

oben: **Ausgebackenes Gemüse**
unten: **Auberginen-Joghurt-Salat**

Ausgebackenes Gemüse

Eiweiß
neutral
Kohlenhydr. ✓
einfach ✓
vegetarisch ✓
schnell
vitaminreich
für Gäste

Für 1 Person
- Zubereitungszeit: ca. 45 Min.
- Ruhezeit: ca. 30 Min.
- ca. 410 kcal pro Portion

3 Blumenkohlröschen (ca. 75 g) • 50 g Kürbisfruchtfleisch • 1/2 Zwiebel • 1/2 rote Paprika
50 g Kichererbsenmehl • 1 TL Öl • etwas Meersalz • 1/2 TL gem. Koriander • 1/2 TL gem. Kreuzkümmel
200 ml Öl zum Ausbacken

1. Die Blumenkohlröschen waschen. Den Kürbis in etwa 2 cm große Würfel schneiden. Die Zwiebel schälen und in dicke Ringe schneiden. Die Paprika waschen, halbieren, entkernen und in breite Streifen schneiden.

2. Das Kichererbsenmehl mit dem Öl, Salz und den Gewürzen vermengen. 60 ml Wasser unter Rühren langsam hinzufügen, sodass ein dünnflüssiger Teig entsteht. Den Teig etwa 30 Minuten ruhen lassen.

3. Das Öl in einer Friteuse, einem Topf oder einem Wok auf etwa 180 °C erhitzen. Das Gemüse Stück für Stück mit einer Gabel durch den Teig ziehen und im Öl jeweils 10–15 Minuten knusprig ausbacken (Kürbiswürfel und Zwiebelringe sind schneller fertig).

4. Das ausgebackene Gemüse auf Küchenkrepp abtropfen lassen und sofort genießen.

Tipps

Auf die gleiche Art können Sie auch andere Gemüsesorten wie Auberginen, Zucchini oder Pilze zubereiten.

Zum Ausbacken eignet sich auch sehr gut ungehärtetes Kokosfett.

Auberginen-Joghurt-Salat

Eiweiß
neutral ✓
Kohlenhydr.
einfach ✓
vegetarisch ✓
schnell
vitaminreich
für Gäste

Für 1 Person
- Zubereitungszeit: ca. 30 Min.
- Kühlzeit: ca. 30 Min.
- ca. 300 kcal pro Portion

1/2 Aubergine • etwas Meersalz
1 kleine grüne Chilischote • 1 Stück Ingwer (ca. 1 cm)
3 EL Sonnenblumenöl
75 g Joghurt • 1 Msp. gem. Kurkuma • 1 Msp. gem. Kreuzkümmel • 1 Knoblauchzehe

1. Die Aubergine waschen, putzen und in etwas dickere Scheiben schneiden. Die Scheiben mit wenig Salz bestreuen und etwa 10 Minuten ziehen lassen.

2. Inzwischen die Chilischote waschen, der Länge nach durchschneiden, entkernen und in dünne Streifen schneiden. Den Ingwer schälen und klein würfeln. Zusammen mit der Chilischote im Mörser zerreiben. Die Auberginenscheiben mit Küchenkrepp trockentupfen und die Chili-Ingwer-Mischung darauf verteilen.

3. Das Öl in einem Wok erhitzen und die Auberginenscheiben von beiden Seiten knusprig braten. Auf Küchenkrepp abtropfen lassen.

4. Für die Sauce den Joghurt mit den Gewürzen und etwas Salz verrühren. Den Knoblauch schälen und dazupressen. Den Joghurt in eine Schüssel geben, die Auberginenscheiben darauf legen und alles etwa 30 Minuten kühl stellen.

Tomaten-Zwiebel-Salat

Eiweiß
neutral ✓
Kohlenhydr.
einfach ✓
vegetarisch ✓
schnell
vitaminreich ✓
für Gäste

Für 1 Person
- Zubereitungszeit: ca. 25 Min.
- Kühlzeit: ca. 30 min.
- ca. 170 kcal pro Portion

2 Tomaten
1 kleine grüne Chilischote • 1 Frühlingszwiebel • 1 Stück Ingwer (ca. 1 cm)
1 TL Sonnenblumenöl • 1 TL schwarze Senfsamen • 1 Curryblatt • 1 Pr. Asant • etwas Meersalz
75 g Joghurt • 1 TL geh. Korianderblättchen

1. Die Tomaten über Kreuz einritzen, mit kochendem Wasser überbrühen, abschrecken und enthäuten. Sie vierteln, von den Stielansätzen befreien und entkernen.

2. Den Chili waschen, längs aufschneiden, entkernen und in feine Ringe schneiden. Die Frühlingszwiebel putzen, waschen und in feine Ringe schneiden. Den Ingwer schälen und klein würfeln.

3. Das Öl in einem Wok erhitzen. Ingwer und Senfsamen darin 2–3 Minuten anbraten. Tomaten, Chili, Frühlingszwiebel, Curryblatt, Asant und Salz hinzufügen und alles unter Rühren etwa 7 Minuten dünsten. Die Tomatenmischung aus dem Wok nehmen und abkühlen lassen.

4. Den Joghurt unterrühren und den Salat mit Koriander bestreuen. Vor dem Servieren etwa 30 Minuten kühl stellen.

Salat aus Mungobohnenkeimen

½ Stange Lauch • 1 kleine Möhre • ½ Zwiebel • 75 g Mungobohnenkeime
1 EL Sojaöl
½ EL Reisessig • 1 EL Zitronensaft • etwas Meersalz

1. Den Lauch putzen, in etwa 3 cm lange Stücke und dann in schmale Stifte schneiden und diese waschen. Die Möhre schälen, waschen und in feine Stifte schneiden. Die Zwiebel schälen und fein würfeln. Die Mungobohnenkeime waschen.

2. Das Öl in einem Wok erhitzen. Die Zwiebel darin anbraten. Lauch- und Möhrenstifte dazugeben und kurz mitbraten. Die Bohnenkeime darunter mischen und alles bissfest dünsten.

3. Das Gemüse von der Herdplatte nehmen und mit Essig, Zitronensaft und Salz abschmecken, in eine Schüssel füllen und sofort servieren. Der Salat schmeckt am besten lauwarm.

Tipp

Keimlinge und Sprossen können Sie kaufen, aber auch problemlos selber ziehen. Keimen lassen sich fast alle Hülsenfrüchte, Getreide, Senf, Rettich oder Alfalfa.

Wenn Sie Mungobohnenkeimlinge ziehen wollen, weichen Sie die gewaschenen Bohnen zunächst 12 Stunden in Wasser ein. Danach die Bohnen in einem Sieb unter fließendem Wasser abspülen und in ein Glasgefäß füllen.

Das Gefäß mit einem Tuch abdecken und die Bohnen – jetzt ohne Wasser – 3 bis 4 Tage bei Zimmertemperatur keimen lassen. Dabei die Keimlinge mehrmals täglich gründlich spülen.

Eiweiß ✓
neutral
Kohlenhydr.
einfach ✓
vegetarisch ✓
schnell ✓
vitaminreich ✓
für Gäste

Für 1 Person
- Zubereitungszeit: ca. 20 Min.
- ca. 180 kcal pro Portion

Garnelensalat

Eiweiß ✓
neutral
Kohlenhydr.
einfach ✓
vegetarisch
schnell
vitaminreich
für Gäste ✓

Für 1 Person
- Zubereitungszeit: ca. 30 Min.
- ca. 250 kcal pro Portion

1 Frühlingszwiebel • 2 Cocktailtomaten • einige Salatblätter (z. B. Lollo Rosso, Eisbergsalat)

Saft von 1/2 Limette • 1/2 EL Sojasauce • 1 1/2 TL Sesamöl • 1 kleine Knoblauchzehe • 2 geschälte Riesengarnelen • 2 Seeteufel-Filetstücke (à 50 g) • etwas Meersalz • 1/2 TL Paprikapulver (edelsüß) • 1 Msp. Senfpulver

1 TL geh. Portulak • 1 TL geh. Korianderblätter • 2 Minzeblättchen

1. Die Frühlingszwiebel putzen und waschen. Das Grün in Röllchen schneiden. Das Weiße längs halbieren, mehrmals einschneiden und in warmes Wasser legen. Die Tomaten waschen und vierteln. Den Salat waschen und zerpflücken.

2. Für die Sauce Limettensaft, Sojasauce und ½ TL Öl verrühren. Den Knoblauch schälen und dazupressen. Die Garnelen längs einschneiden und den Darm entfernen. Garnelen und Fischfilets mit Salz, Paprikapulver und Senfpulver bestreuen.

3. Einen Topf etwa 4 cm hoch mit Wasser füllen und dieses zum Kochen bringen. Einen Siebeinsatz mit 1 TL Öl bestreichen und die Garnelen sowie den Fisch hineingeben. Alles zugedeckt etwa 10 Minuten dämpfen.

4. Frühlingszwiebeln, Tomaten und Salat auf einem Teller anrichten. Garnelen und Fischstücke darauf verteilen. Mit der Sauce beträufeln und die Kräutern darüber streuen. Mit den Minzeblättchen garnieren.

Garnelen

Zu den häufigsten Garnelenarten gehören die kleinen Tiefseegarnelen und die in diesem Rezept verwendeten Riesengarnelen (King Prawns). Letztere werden besonders in Ostasien häufig verzehrt.

Garnelen werden meistens gekocht und geschält angeboten. Nicht ausgelöste Garnelen müssen vor der Zubereitung geschält werden. Entfernen Sie dazu den Kopf, die Schale und den Schwanz. Dekorativer sehen Garnelen allerdings aus, wenn Sie das Schwanzende beim Auslösen nicht abschneiden.

Die Garnelen dann der Länge nach bis zum Schwanz aufschneiden, den dunklen Darm mit einem Messer anheben und herausziehen. Zum Schluss kurz waschen und trockentupfen.

Gebratene Eier mit Räucherlachs

2 Eier • 1 TL Zitronensaft • etwas Meersalz • 1 Pr. Cayennepfeffer • 50 g Räucherlachs
1 Frühlingszwiebel • 3 Zweige Koriander
1 EL Sonnenblumenöl

1. Die Eier mit Zitronensaft, Salz und Cayennepfeffer verquirlen. Den Lachs in feine Streifen schneiden.

2. Die Frühlingszwiebeln putzen, waschen und in feine Ringe schneiden. Den Koriander waschen, trockenschütteln und in feine Streifen schneiden.

3. Das Öl in einer beschichteten Pfanne erhitzen. Die Frühlingszwiebeln darin einige Minuten anbraten. Die Eiermasse, den Lachs und den Koriander dazugeben und alles unter Rühren stocken lassen.

Tipps

Essen Sie als Beilage frische Salatblätter oder klein geschnittenes, rohes Gemüse dazu.

Dieses Eiergericht lässt sich leicht variieren: Nehmen Sie anstatt Räucherlachs zum Beispiel in Streifen geschnittenen Rinderschinken. Verwenden Sie dann statt des frischen Korianders gehackte Petersilie und ergänzen Sie das Gericht mit Paprikasteifen, die Sie ebenfalls mitdünsten.

Eiweiß ✓
neutral
Kohlenhydr.
einfach ✓
vegetarisch
schnell ✓
vitaminreich
für Gäste

Für 1 Person
- Zubereitungszeit: ca. 15 Min.
- ca. 370 kcal pro Portion

Eier in Joghurtsauce

Eiweiß ✓
neutral
Kohlenhydr.
einfach ✓
vegetarisch ✓
schnell ✓
vitaminreich
für Gäste

Für 1 Person
- Zubereitungszeit: ca. 20 Min.
- ca. 300 kcal pro Portion

1 Ei • 50 g Joghurt
1 EL Mohn • 1 TL Sesam •
1 Msp. Kurkuma • 1 Curryblatt •
1 Msp. Cayennepfeffer • 1 EL gem. Mandeln
etwas Meersalz • 1 TL Zitronensaft

1. Das Ei hart kochen, abschrecken und pellen. Inzwischen den Joghurt in einem flachen Topf unter Rühren vorsichtig erhitzen.

2. Dann 50 ml Wasser, Mohn, Sesam, die Gewürze und die Mandeln nach und nach hinzufügen und alles so lange köcheln lassen, bis die Sauce eingedickt ist.

3. Die Joghurtsauce pikant mit Salz und Zitronensaft würzen. Das gekochte Ei halbieren, in die Sauce legen und darin erwärmen. Sofort servieren.

Curryblatt

Bei den Curryblättern handelt es sich um die Blätter der indischen Karipflanze. Die Blätter schmecken süßlich scharf und werden frisch oder getrocknet verwendet. Wenn Sie getrocknete Curryblätter einsetzen, verwenden Sie sie wie Lorbeerblätter. Kari ist der indische Begriff für Curry.

Rührei mit schwarzen Pilzen

2 Eier • 1 Msp. Sambal Oelek • 1/2 TL Sojasauce • etwas Meersalz und Cayennepfeffer
50 g getr. Mu-err-Pilze • 1/2 kleine Schalotte
1 EL Sonnenblumenöl
1 EL geh. Kerbel • 1 EL Schnittlauchröllchen

1. Die Eier mit dem Sambal Oelek, der Sojasauce, Salz und Cayennepfeffer verquirlen.

2. Die Pilze etwa 30 Minuten in lauwarmem Wasser einweichen. Inzwischen die Schalotte schälen und fein würfeln. Dann die Pilze gut abtropfen lassen und die Stiele abschneiden.

3. Das Öl in einer beschichteten Pfanne erhitzen. Die Schalotte darin glasig braten. Die Pilze hinzufügen und alles etwa 2 Minuten braten. Mit wenig Salz und Cayennepfeffer abschmecken.

4. Kerbel und Schnittlauch unter die Eiermasse rühren. Alles in die Pfanne gießen und unter Rühren stocken lassen.

Tipp

Essen Sie frisch geraspelte Möhren oder eine andere Gemüserohkost dazu.

Eiweiß ✓
neutral
Kohlenhydr.
einfach ✓
vegetarisch ✓
schnell
vitaminreich
für Gäste

Für 1 Person
- Zubereitungszeit: ca. 35 Min.
- ca. 420 kcal pro Portion

oben: Garnelen mit Staudensellerie
unten: Sashimi vom Lachs

Garnelen mit Staudensellerie

Eiweiß ✓
neutral
Kohlenhydr.
einfach ✓
vegetarisch
schnell ✓
vitaminreich
für Gäste ✓

Für 2 Personen
- Zubereitungszeit: ca. 30 Min.
- ca. 180 kcal pro Portion

100 g Staudensellerie • 1 kleine Möhre
1 EL Sesamöl • etwas Meersalz •
1 Pr. Cayennepfeffer
200 g rohe geschälte Garnelen • 1/2 Stange Lauch •
1 Stück Ingwer (ca. 2 cm)
1/4 l veg. Gemüsebrühe (Instant) • 1 TL Reiswein

1. Einen Topf mit wenig Wasser aufsetzen. Den Sellerie putzen und die Möhre schälen. Beides waschen und in etwa 4 cm lange Stücke schneiden. Sollten die Stücke zu dick sein, diese noch einmal längs halbieren. Die Gemüsestücke anschließend in kochendem Wasser etwa 5 Minuten blanchieren.

2. Das Gemüse herausnehmen, abtropfen lassen und in eine Schüssel geben. Mit dem Sesamöl, Salz und Cayennepfeffer mischen.

3. Die Garnelen abspülen, trockentupfen und einmal quer durchschneiden. Den Lauch putzen, waschen und in schmale Scheiben schneiden. Den Ingwer schälen und klein würfeln.

4. Die Brühe mit Lauch, Ingwer und Reiswein zum Kochen bringen. Die Garnelen hineingeben und alles etwa 8 Minuten garen. Lauch und Garnelen herausfischen, abkühlen lassen und zusammen mit der Sellerie-Möhren-Mischung auf 2 Tellern anrichten.

Sashimi vom Lachs

Eiweiß ✓
neutral
Kohlenhydr.
einfach ✓
vegetarisch
schnell
vitaminreich ✓
für Gäste ✓

Für 2 Personen
- Zubereitungszeit: ca. 45 Min.
- ca. 510 kcal pro Portion

1 kleine Schalotte • Saft von 1/2 Limette •
1 EL Reisessig • 1/2 TL gem. Koriander •
1 EL geh. Petersilie • etwas Meersalz •
etwas Cayennepfeffer • 3 EL Olivenöl
1 Avocado
150 g rohes Lachsfilet
150 g Cocktailtomaten • einige junge Löwenzahnblätter

1. Die Schalotte schälen und fein hacken. Mit Limettensaft, Essig, Koriander, Petersilie, Salz und Cayennepfeffer zu einer Vinaigrette verrühren. 2 EL Olivenöl unterrühren.

2. Die Avocado halbieren, entkernen, schälen und in Scheiben schneiden. In einem Wok 1 EL Olivenöl erhitzen und die Avocadoscheiben bei schwacher Hitze ganz kurz darin anbraten. Aus dem Wok nehmen und mit Salz und Cayennepfeffer bestreuen.

3. Das verbliebene Öl mit der Vinaigrette auffüllen und verrühren. Den Lachs mit einem scharfen Messer in feine Scheiben schneiden.

4. Die Cocktailtomaten waschen und halbieren. Den Löwenzahn waschen. Avocadoscheiben, Lachsscheiben, Cocktailtomaten und Löwenzahn auf 2 Tellern anrichten und mit der Vinaigrette-Mischung beträufeln.

Huhn mit Sesamsauce

Eiweiß ✓
neutral
Kohlenhydr.
einfach ✓
vegetarisch
schnell
vitaminreich
für Gäste

Für 2 Personen
- Zubereitungszeit: ca. 1 Std.
- ca. 480 kcal pro Portion

400 g Hühnerstücke (z. B. Keulen, Brust, Flügel) • 1/2 Stange Lauch • 1 kleine Möhre • 1 Stück Ingwer (ca. 2 cm) • 1 kleine rote Chilischote

1 EL Reiswein

4 EL Sojasauce • 2 EL Sesamöl • etwas Meersalz

1. Die Fleischstücke abspülen und mit Küchenkrepp trockentupfen. Den Lauch putzen und die Möhre schälen. Beides waschen und in Scheiben schneiden. Den Ingwer schälen und klein würfeln. Die Chilischote waschen.

2. Die Hühnerstücke in einen Wok oder einen Topf geben, 3/4 Liter kaltes Wasser angießen und einmal aufkochen lassen. Den Schaum abschöpfen. Lauch, Möhre, Ingwer, Chilischote und Reiswein hinzufügen und alles zugedeckt bei schwacher Hitze etwa 30 Minuten köcheln lassen.

3. Das Fleisch aus der Brühe nehmen und abkühlen lassen. Haut und Knochen entfernen und das Fleisch in mundgerechte Stücke schneiden. Auf 2 Tellern anrichten.

4. Die Sojasauce mit dem Sesamöl und Salz verrühren und in ein Schälchen füllen. Das Hühnerfleisch beim Essen in die Sauce tunken.

Tipp

Die Hühnerbrühe können Sie verwahren und z. B. für die „Poulardenbrust mit Sprossen" (siehe S. 23) oder „Geflügel-Kokos-Suppe" (siehe S. 30) verwenden.

Sesamöl

Das aus Sesamsamen gewonnene Öl wird in der asiatischen Küche ganz besonders geschätzt. Wegen seines delikaten Haselnussaromas dient es eher zum Würzen als zum Braten. Ein weiterer Grund: Sesamöl verströmt einen unangenehmen Geruch, wenn es zu hoch erhitzt wird. Verwenden Sie das Öl deshalb am besten nur kalt.

Poulardenbrust mit Sprossen

300 ml Hühnerbrühe • 1 EL Balsamico-Essig •
1 EL Sojasauce • etwas Meersalz • 1 Pr. Cayennepfeffer • 1 EL Sesamöl • 2 EL Maiskeimöl
2 EL Sesamsamen • 1/2 EL Currypulver
150 g Sojasprossen • 1 kleiner Chicorée
1 Lorbeerblatt • 1 Thymianzweig •
1 Poulardenbrust (ca. 250 g)

1. Für die Vinaigrette 50 ml Brühe mit dem Essig, Sojasauce, Salz und Cayennepfeffer verrühren. Das Sesamöl und 1 EL Maiskeimöl untermischen.

2. Die Sesamsamen in einer Pfanne oder einem Wok ohne Fettzugabe unter Rühren rösten. Sesam herausnehmen, den Curry dazugeben und alles mit der Vinaigrette verrühren.

3. Die Sojasprossen waschen und gut abtropfen lassen. Die Chicoréeblätter vom Strunk trennen, waschen und in Streifen schneiden. 1 EL Maiskeimöl in einem Wok erhitzen und die Sprossen darin anbraten. Die Chicoréestreifen hinzufügen und einige Minuten mitdünsten. Beides auf 2 Tellern anrichten und mit der Hälfte der Vinaigrette übergießen.

4. Die restliche Brühe mit dem Lorbeerblatt und dem Thymianzweig in einem Topf mit Siebeinsatz zum Kochen bringen. Das Fleisch waschen, trockentupfen, auf den Einsatz legen und zugedeckt bei starker Hitze etwa 10 Minuten dämpfen.

5. Die Poulardenbrust schräg in Scheiben schneiden, auf den Tellern anrichten und mit der restlichen Vinaigrette beträufeln.

Eiweiß ✓
neutral
Kohlenhydr.
einfach ✓
vegetarisch
schnell
vitaminreich
für Gäste

Für 2 Personen
- Zubereitungszeit: ca. 45 Min.
- ca. 480 kcal pro Portion

Japanischer Eierstich

250 ml veg. Gemüsebrühe (Instant) •
1 1/2 EL japanische Sojasauce • 1 EL Reiswein (Sake)
75 g Hühnerbrustfleisch
2 kleine Austernpilze • 1/2 Möhre
1 Ei • etwas Meersalz
2 Blätter frischer Blattspinat • 1 TL abgeriebene Schale einer unbehandelten Zitrone

1. Die Gemüsebrühe mit 1 TL Sojasauce und 1 TL Sake in einem Topf einmal aufkochen und dann abkühlen lassen.

2. Das Hühnerfleisch in Würfel schneiden, mit jeweils 1 TL Sojasauce und Sake beträufeln und etwa 10 Minuten marinieren.

3. Inzwischen die Pilze mit Küchenkrepp abreiben, putzen und in Stücke schneiden. Die Möhre schälen, waschen und in dünne Scheiben schneiden. Die Möhrenscheiben in Wasser blanchieren. Das Fleisch und die Pilze in 2 passende Förmchen füllen.

4. Das Ei mit Salz und 1 TL Sojasauce verrühren. Die Mischung in die Gemüsebrühe einrühren. Die Brühe durchsieben und die Eiermischung auf die Förmchen verteilen.

5. Die Spinatblätter putzen, waschen und in grobe Streifen schneiden. Möhrenscheiben, Spinat und Zitronenschale ebenfalls in die Förmchen füllen. Diese in ein siedendes Wasserbad stellen. Den Eierstich in etwa 40 Minuten stocken lassen.

Sake

Sake, das japanische Nationalgetränk, wird nicht nur heiß oder kalt getrunken, sondern ist auch eine wichtige Zutat in Marinaden und Saucen.

Eiweiß ✓
neutral
Kohlenhydr.
einfach
vegetarisch
schnell
vitaminreich
für Gäste ✓

Für 2 Personen
- Zubereitungszeit: ca. 1 Std.
- ca. 110 kcal pro Portion

Papaya-Topf mit Garnelen

1 Fleischtomate
1 Papaya • 1 Zwiebel • 1 Knoblauchzehe
2 EL Sojaöl • 200 g geschälte Garnelen
60 ml veg. Gemüsebrühe (Instant) • etwas Meersalz • etwas Cayennepfeffer • 2 EL geh. Petersilie

1. Die Tomate über Kreuz einritzen, mit kochendem Wasser überbrühen, abschrecken und enthäuten. Sie vierteln, entkernen und den Stielansatz entfernen. Das Fruchtfleisch in Spalten schneiden.

2. Die Papaya längs halbieren, die Kerne mit einem Teelöffel herausschaben und die Fruchthälften schälen. Das Fruchtfleisch würfeln. Die Zwiebel schälen, halbieren und in halbe Ringe schneiden. Den Knoblauch schälen und durchpressen.

3. Das Öl in einem Wok erhitzen. Die Zwiebelringe darin glasig dünsten. Knoblauch, Papaya, Tomaten und die abgespülten sowie trockengetupften Garnelen hinzufügen und alles unter Rühren bissfest schmoren.

4. Mit der Brühe ablöschen und das Gericht noch etwa 3 Minuten ziehen lassen. Mit Salz und Cayennepfeffer abschmecken und mit der Petersilie bestreuen.

Eiweiß ✓
neutral
Kohlenhydr.
einfach ✓
vegetarisch ✓
schnell
vitaminreich ✓
für Gäste

Für 2 Personen
- Zubereitungszeit: ca. 35 Min.
- ca. 240 kcal pro Portion

oben:
Reisnudelsuppe
unten:
Gemüsesuppe mit Ingwer

Reisnudelsuppe

Eiweiß
neutral
Kohlenhydr. ✓
einfach ✓
vegetarisch ✓
schnell ✓
vitaminreich
für Gäste

Für 2 Personen
- Zubereitungszeit: ca. 20 Min.
- ca. 160 kcal pro Portion

100 g Reisnudeln
100 g thailändischer Senfspinat (ersatzweise Blattspinat) • 75 g Sojabohnensprossen • 1 Knoblauchzehe • 1 TL Öl
2 EL Sojasauce • etwas Meersalz • etwas Cayennepfeffer • 1 EL geh. Korianderblättchen

1. Die Reisnudeln in eine Schüssel geben, mit heißem Wasser übergießen und etwa 5 Minuten einweichen lassen. Die Nudeln abgießen und mit der Schere einige Male durchschneiden.

2. Den Spinat waschen und die harten Stiele entfernen. Die Sojabohnensprossen kurz abspülen. Den Knoblauch schälen und fein hacken. Das Öl in einem Wok erhitzen und den Knoblauch darin goldgelb braten.

3. 400 ml Wasser, Sojasauce, Salz und Cayennepfeffer hinzufügen und die Flüssigkeit zum Kochen bringen. Spinat und Sojabohnensprossen in die Suppe geben und einmal aufkochen lassen. Die Reisnudeln hinzufügen. Die Suppe nochmals aufkochen lassen und mit Koriander bestreuen.

Gemüsesuppe mit Ingwer

Eiweiß
neutral ✓
Kohlenhydr.
einfach ✓
vegetarisch ✓
schnell ✓
vitaminreich ✓
für Gäste

Für 2 Personen
- Zubereitungszeit: ca. 30 Min.
- ca. 90 kcal pro Person

1 Schalotte • 1 kleine Knoblauchzehe • 1 Stück Ingwer (ca. 2 cm) • 75 g Petersilienwurzeln • 1 Möhre • 1/2 Stange Lauch • 1/2 Fenchelknolle
1 EL Butter • 300 ml veg. Gemüsebrühe (Instant)
etwas Meersalz • 1 Pr. gem. Anis • 1 EL geh. Korianderblättchen

1. Die Schalotte, den Knoblauch, den Ingwer, die Petersilienwurzeln und die Möhre schälen, eventuell waschen und alles fein würfeln. Den Lauch putzen, waschen und in schmale Ringe schneiden. Den Fenchel putzen, waschen und in feine Scheiben schneiden.

2. Die Butter in einem Wok zerlassen. Schalotte, Knoblauch, Ingwer und das Gemüse darin einige Minuten anbraten. Die Brühe hinzufügen und alles zugedeckt bei schwacher Hitze garen.

3. Die Suppe anschließend pürieren und mit Salz sowie Anis abschmecken. Die gehackten Korianderblättchen darüber streuen.

Ingwer

Der würzig scharfe Ingwer darf in der asiatischen Küche nicht fehlen: Er gehört zu den wichtigsten Gewürzen, wird aber auch als delikates Gemüse zu Fleisch und Geflügel serviert.

Frische Ingwerwurzeln müssen vor der Zubereitung geschält werden. Sie können ihn in Scheiben, Streifen oder (wenn zu faserig) in Würfel geschnitten weiter verwenden. In Japan ist marinierter Ingwer eine beliebte Beilage zu Sushi und Sashimi (Gerichte mit rohem Fisch).

Kaufen sie ruhig etwas mehr Ingwer. Er hält sich in Papier eingeschlagen im Gemüsefach des Kühlschranks 2 – 3 Wochen.

Tomatensuppe mit Rindfleisch

200 g Rindfleisch (Hüfte oder falsches Filet) • 300 g Tomaten

1 Knoblauchzehe • 1/2 Stange Lauch • 1 kleine grüne Chilischote • 1/2 Stiel Zitronengras

2 EL Sesamöl

2 EL Reiswein • etwas Meersalz • 1 EL Basilikumblättchen

1. Das Fleisch waschen, trockentupfen und in kleine Würfel schneiden. Die Tomaten über Kreuz einritzen, mit kochendem Wasser überbrühen, abschrecken und enthäuten. Sie von den Stielansätzen befreien, entkernen und das Fruchtfleisch in Spalten schneiden.

2. Den Knoblauch schälen und in feine Scheiben schneiden. Den Lauch putzen, waschen und in Ringe schneiden. Die Chilischote waschen, der Länge nach durchschneiden, entkernen und in feine Streifen schneiden. Das Zitronengras waschen und klein schneiden.

3. Das Öl in einem Wok erhitzen. Die Fleischwürfel darin kräftig von allen Seiten anbraten. Tomaten, Chili, Knoblauch und Zitronengras hinzufügen und ebenfalls einige Minuten mitbraten.

4. Dann ½ Liter Wasser angießen und alles bei schwacher Hitze etwa 1 Stunde leicht köcheln lassen. Den Lauch zum Ende der Garzeit dazugeben und etwa 5 Minuten mitgaren lassen.

5. Die Suppe mit Reiswein und Salz abschmecken. Das Basilikum waschen, in Streifen schneiden und die Suppe damit bestreuen.

Eiweiß ✓
neutral
Kohlenhydr.
einfach ✓
vegetarisch
schnell
vitaminreich ✓
für Gäste

Für 2 Personen
- Zubereitungszeit: ca. 1 1/4 Std.
- ca. 320 kcal pro Portion

Rindfleischsuppe mit Omelett

1 Stück Galgantwurzel (ca. 2 cm) •
2 Knoblauchzehen • je 1 grüne und rote Chilischote •
1 Stiel Zitronengras • 3 Zitronenblätter
1/2 Weißkohl (ca. 200 g) • 250 g Rindfleisch (Schulter)
1 Ei • 1 EL Milch • 1 TL Öl
1 EL Limettensaft • etwas Meersalz •
1 Pr. Cayennepfeffer

1. Die Galgantwurzel und den Knoblauch schälen, beides in feine Scheiben schneiden. Die Chilischoten waschen, entkernen und in feine Ringe schneiden. Das Zitronengras waschen und 3- bis 4-mal umknicken. Die Zitronenblätter waschen.

2. Den Weißkohl waschen, vierteln und den Strunk herausschneiden. Den Kohl in feine Streifen schneiden. Das Fleisch in schmale Streifen schneiden.

3. Galgantwurzel, Knoblauch, Zitronengras, Zitronenblätter, die grünen Chiliringe und das Fleisch in einen Wok geben. 600 ml Wasser angießen und alles etwa 1½ Stunden zugedeckt bei schwacher Hitze köcheln lassen.

4. Inzwischen für das Omelett das Ei mit der Milch verquirlen. Das Öl in einer kleinen, beschichteten Pfanne erhitzen, die Eiermasse hineingeben und ein Omelett backen. Das Omelett aus der Pfanne nehmen, aufrollen und die Rolle quer in Streifen schneiden.

5. Zum Ende der Garzeit den Weißkohl und die roten Chiliringe in die Suppe geben und 5 Minuten weiter garen. Zitronenblätter und Zitronengras entfernen.

6. Die fertige Suppe mit Limettensaft, Salz und Cayennepfeffer abschmecken. Mit den Omelettrollen servieren.

Eiweiß ✓
neutral
Kohlenhydr.
einfach
vegetarisch
schnell
vitaminreich
für Gäste ✓

Für 2 Personen
- Zubereitungszeit: ca. 2 Std.
- ca. 290 kcal pro Portion

Geflügel-Kokos-Suppe

Eiweiß ✓
neutral
Kohlenhydr.
einfach ✓
vegetarisch
schnell
vitaminreich
für Gäste ✓

Für 2 Personen
- Zubereitungszeit: ca. 40 Min.
- ca. 190 kcal pro Portion

150 g Hähnchenbrustfilet • 2 Schalotten • 1 Knoblauchzehe • 1 kleine rote Chilischote
1/2 unbehandelte Limette •
100 g frischer Blattspinat
1 EL Öl • 200 ml ungesüßte Kokosmilch •
1 EL Currypulver (scharf)
300 ml veg. Gemüsebrühe (Instant) • etwas Meersalz und Cayennepfeffer

1. Das Fleisch in kleine Würfel schneiden. Schalotten, Knoblauch und Chilischote fein würfeln.

2. Die Limette heiß abwaschen, die Schale fein abreiben und eine Limettenhälfte auspressen. Den Spinat waschen und die harten Stiele entfernen.

3. Das Öl in einem Wok erhitzen. Darin Knoblauch, Chili, Schalotten und Limettenschale unter Rühren braten. Die Hälfte der Kokosmilch und das Currypulver hinzufügen und alles etwa 3 Minuten köcheln lassen. Das Fleisch dazugeben und etwa 10 Minuten gar ziehen lassen.

4. Mit der restlichen Kokosmilch und der Brühe noch einmal aufkochen lassen. Den Spinat hinzufügen und weitere 2 Minuten in der Suppe ziehen lassen. Sie dann mit Limettensaft, Salz und Pfeffer abschmecken.

Tipp

Sie können die Kokosmilch auch selbst herstellen: 250 g Kokosraspel mit 1/2 l kochendem Wasser überbrühen und 20 Minuten ziehen lassen. Dann die Raspel in einem sauberen Küchenhandtuch ausdrücken und die Flüssigkeit auffangen.

Sauer-würzige Fischsuppe

250 g Goldbarschfilet •
300 ml Fischfond (z. B. Fertigprodukt)
2 Schalotten • 1 Stiel Zitronengras •
1 Stück Galgantwurzel (ca. 2 cm)
2 rote Chilischoten • 2 unbehandelte Limetten
75 g Champignons • 1 EL geh. Korianderblättchen

1. Den Fisch waschen und in etwa 2 cm große Würfel schneiden. Den Fischfond in einem Wok erhitzen.

2. Inzwischen die Schalotten schälen und würfeln. Zitronengras und Galgantwurzel grob zerkleinern und mit den Schalotten im Mörser zerreiben.

3. Die Chilischoten waschen, entkernen und in feine Ringe schneiden. Die Limetten heiß abwaschen und die Schale abreiben. Eine Limettenhälfte auspressen. Die Schalottenmischung, Chilischoten und Limettenschale in den Fond geben und alles zugedeckt etwa 10 Minuten köcheln lassen.

4. Inzwischen die Champignons putzen, abreiben und klein schneiden. Fischstücke und Champignons in den Fond geben und offen bei schwacher Hitze etwa 15 Minuten garen. Die Suppe mit Limettensaft abschmecken und mit Koriander bestreuen.

Tipp

Sie können den Fischfond selbst herstellen, indem Sie eine Handvoll ungeschälter Krabben kurze Zeit in wenig Wasser kochen lassen. Anschließend durch ein Sieb geben, die Brühe auffangen und mit Salz und wenig Cayennepfeffer würzen. Statt der Krabben können Sie auch Fischstücke nehmen.

Eiweiß ✓
neutral
Kohlenhydr.
einfach ✓
vegetarisch
schnell
vitaminreich
für Gäste ✓

Für 2 Personen
- Zubereitungszeit: ca. 40 Min.
- ca. 180 kcal pro Portion

Reispapiersäckchen mit Pilzen

Eiweiß
neutral
Kohlenhydr. ✓
einfach
vegetarisch ✓
schnell
vitaminreich
für Gäste ✓

Für 2 Personen
- Zubereitungszeit: ca. 1 3/4 Std.
- ca. 780 kcal pro Portion

75 g Austernpilze • 60 g Champignons • 75 g Shiitakepilze • 1 Knoblauchzehe • 1 Schalotte
3 EL Sojaöl • 1 EL geh. Petersilie • etwas Meersalz • 1 Pr. Cayennepfeffer
1 EL geh. Estragonblättchen • 1 Pr. gem. Anis
1 TL Sojasauce • 1 EL Schnittlauchröllchen
9 Schnittlauchhalme • 9 Reispapierblätter (ø 20 cm)
1 Knoblauchzehe • 2 Eigelb • 3 EL Gemüsebrühe • 3 EL Sojaöl
500 ml Maiskeimöl zum Frittieren

1. Die Pilze mit Küchenkrepp abreiben und putzen. Von den Austern- und Shiitakepilzen die Stiele entfernen. Alle Pilze würfeln und getrennt beiseite stellen. Den Knoblauch und die Schalotte schälen und fein würfeln.

2. Im Wok 1 EL Öl erhitzen. Die Austernpilze darin kräftig anbraten. Knoblauch und Petersilie unterrühren und alles mit Salz und Cayennepfeffer abschmecken. Beiseite stellen.

3. Im Wok 1 EL Öl erhitzen. Die Champignons und die Hälfte der Schalotten darin kräftig anbraten. Estragon, Anis, Salz und Cayennepfeffer untermischen und die Pilzmischung ebenfalls beiseite stellen.

4. Wieder 1 EL Öl erhitzen. Restliche Schalotten und Shiitakepilze darin braten. Mit Sojasauce, Schnittlauch, Salz und Cayennepfeffer würzen. Die drei Pilzmischungen getrennt voneinander abkühlen lassen. Dabei die entstehende Flüssigkeit abgießen.

5. Die Schnittlauchhalme kurz in kochendes Wasser tauchen, herausnehmen und ausbreiten. Die Reispapierblätter einzeln etwa 1 Minute in Wasser einweichen, auf Küchenkrepp ausbreiten und abtropfen lassen.

6. Je 3 Blätter übereinander legen und die Pilzmischungen darauf verteilen. Die Blätter wie Säckchen zusammenfalten und mit den Schnittlauchhalmen zubinden.

7. Für die Sabayon den Knoblauch schälen und durchpressen. Knoblauch, Eigelbe und Brühe verrühren und über dem warmen Wasserbad cremig aufschlagen. Das Öl nach und nach unterschlagen. Mit Salz und Cayennepfeffer würzen.

8. Das Öl in einer Friteuse, einem Wok oder einem großen Topf erhitzen. Die Reispapiersäckchen in einen Siebeinsatz legen und zugedeckt im heißen Fett etwa 2 Minuten frittieren. Vorsicht, das Fett spritzt! Auf Küchenkrepp abtropfen lassen. Die Sabayon zu den Reispapiersäckchen servieren.

Austernpilze

Austernpilze kommen aus dem südostasiatischen Raum, sind heute aber auch in Europa weit verbreitet und das ganze Jahr über erhältlich. Dieser aromatische Pilz ist eine Alternative zum Champignon und kann wie dieser sehr vielseitig eingesetzt werden.

Shiitake

Dieser Pilz ist würziger als der Austernpilz oder der Champignon. Deshalb wird er gerne zum Würzen eingesetzt, aber auch als Gemüsebeilage zubereitet. Geputzter Shiitake kann roh eingefroren werden.

Im Fernen Osten wird dieser Pilz auch wegen seiner Heilkraft sehr geschätzt. So soll er kreislaufanregend wirken und einen senkenden Einfluss auf Blutdruck und Cholesterinspiegel ausüben.

Gemüse mit knusprigen Nudeln

Eiweiß
neutral
Kohlenhydr. ✓
einfach ✓
vegetarisch ✓
schnell ✓
vitaminreich
für Gäste

Für 2 Personen
- Zubereitungszeit: ca. 25 Min.
- ca. 540 kcal pro Portion

150 g Bandnudeln • 4 EL Sojaöl
100 g Shiitakepilze • 2 rote Zwiebeln • 1 Knoblauchzehe
200 g frischer Blattspinat • 1 kleine Zucchini
1 EL Sojasauce • etwas Meersalz • etwas Cayennepfeffer

1. Die Nudeln in reichlich Salzwasser nach Packungsanweisung bissfest garen. Die Nudeln abgießen und mit 1 EL Öl mischen.

2. Inzwischen die Pilze abreiben und die Pilzhüte in Streifen schneiden. Die Zwiebeln schälen und in feine Halbringe schneiden. Den Knoblauch schälen und fein hacken.

3. Den Spinat waschen, die harten Stiele entfernen und die Blätter klein schneiden. Die Zucchini putzen, waschen und in Stifte schneiden.

4. Im Wok 1 EL Öl erhitzen. Zwiebeln und Pilze darin bei starker Hitze anbraten. Den Knoblauch und das restliche Gemüse dazugeben und alles etwa 5 Minuten braten. Sojasauce untermischen und das Gemüse mit Salz und Cayennepfeffer abschmecken. Aus dem Wok nehmen.

5. Im Wok 2 EL Öl erhitzen und die Nudeln darin etwa 2 Minuten knusprig braten. Mit dem Gemüse mischen und sofort servieren.

Glasnudeln mit Pilzen

175 g Glasnudeln • 15 g getr. Mu-err-Pilze • 15 g getr. Morcheln
1 Schalotte • 75 g Austernpilze • 75 g Shiitakepilze
2 EL Walnussöl • etwas Meersalz • etwas gem. Chili • 1 EL Sojasauce
1 EL geh. Estragon • 1 EL geh. Petersilie

1. Die Glasnudeln und die getrockneten Pilze getrennt etwa 10 bzw. 30 Minuten in warmem Wasser quellen lassen. Sie abgießen und abtropfen lassen. Die harten Pilzstiele abschneiden.

2. Die Schalotte schälen und fein hacken. Die frischen Pilze putzen und halbieren.

3. Das Öl im Wok erhitzen. Die Schalotte darin glasig braten. Die eingeweichten und frischen Pilze dazugeben und alles unter Rühren einige Minuten braten. Mit Salz, Chili und Sojasauce abschmecken.

4. Nudeln und Kräuter unter die Pilzmischung rühren und nochmals kurz erwärmen.

Tipp

Weichen Sie die Glasnudeln und die getrockneten Mu-err-Pilze jeweils in ausreichend großen Schüsseln ein. Beide nehmen etwa das 3- bis 4-fache ihres Gewichts zu.

Eiweiß
neutral
Kohlenhydr. ✓
einfach ✓
vegetarisch ✓
schnell
vitaminreich
für Gäste

Für 2 Personen
- Zubereitungszeit: ca. 40 Min.
- ca. 290 kcal pro Portion

oben: Kartoffelragout mit Pilzen
unten: Pfannengerührtes Gemüse

Kartoffelragout mit Pilzen

Eiweiß
neutral
Kohlenhydr. ✓
einfach ✓
vegetarisch ✓
schnell
vitaminreich ✓
für Gäste

Für 2 Personen
- Zubereitungszeit: ca. 35 Min.
- ca. 280 kcal pro Portion

200 g festkochende Kartoffeln • 1 Knoblauchzehe • 1 Schalotte • 1/2 Möhre • 100 g Shiitakepilze • 1 Frühlingszwiebel • 1 Stange Staudensellerie

1/8 l veg. Gemüsebrühe (Instant) • 1/2 TL Speisestärke • etwas Kräutersalz • 1 Pr. gem. Chili • 1 Pr. geriebene Muskatnuss • 1 EL Sojasauce

2 EL Sojaöl

1 EL geh. Petersilie

1. Die Kartoffeln, den Knoblauch, die Schalotte und die Möhre schälen, eventuell waschen und alles klein würfeln. Die Shiitakepilze abreiben, putzen und halbieren. Die Frühlingszwiebel und den Sellerie putzen, waschen und ebenfalls klein würfeln.

2. Die Brühe mit Speisestärke, Kräutersalz, Chili, Muskat und Sojasauce verrühren.

3. Das Öl im Wok erhitzen. Schalotte und Knoblauch darin goldgelb braten. Kartoffeln, Sellerie und Möhre dazugeben und etwa 5 Minuten unter Rühren mitbraten. Zuletzt die Pilze und die Frühlingszwiebel hinzufügen.

4. Die Brühe angießen und alles etwa 10 Minuten leicht köcheln lassen. Das Gericht mit Kräutersalz und Chili abschmecken und mit gehackter Petersilie bestreut servieren.

Pfannengerührtes Gemüse

Eiweiß
neutral ✓
Kohlenhydr.
einfach ✓
vegetarisch ✓
schnell ✓
vitaminreich ✓
für Gäste

Für 2 Personen
- Zubereitungszeit: ca. 20 Min.
- ca. 270 kcal pro Portion

150 g Thailändischer Brokkoli (ersatzweise einheimischer) • 100 g Chinakohl • 100 g Möhren • 1/2 Salatgurke • 2 Frühlingszwiebeln • 2 Knoblauchzehen • 100 g junge Maiskölbchen • 100 g Zuckerschoten

2 EL Sesamöl • 2 EL Sojasauce • 2 EL Reiswein • 1 TL Honig • etwas Meersalz • etwas Cayennepfeffer

1. Das Gemüse putzen und waschen. Die Stiele und Blätter des thailändischen Brokkolis in breite Streifen schneiden. Den heimischen Brokkoli in Röschen teilen und die Stiele in Scheiben schneiden.

2. Den Kohl in Streifen, die Möhren in Stifte und die Gurke in Würfel schneiden. Das Grün der Frühlingszwiebeln in etwa 5 cm lange Stücke schneiden und die Knollen halbieren. Den Knoblauch schälen und fein hacken. Die Maiskölbchen längs halbieren. Die Zuckerschoten eventuell entfädeln und halbieren.

3. Das Öl im Wok erhitzen. Den Knoblauch darin anbraten. Das restliche Gemüse hinzufügen und alles unter Rühren etwa 10 Minuten bei mittlerer Hitze braten. Das Gemüse mit Sojasauce, Reiswein, Honig, Salz und Cayennepfeffer abschmecken.

Thai-Brokkoli

Dieser Kohl gehört in Thailand zu den Alltagsgemüsen. Er besteht aus fleischigen Stängeln mit Blüten und Knospen. Thai-Brokkoli kann sehr gut durch Mangold oder heimischen Brokkoli ersetzt werden.

Aubergineneintopf mit Kokosnuss

- Eiweiß
- **neutral ✓**
- Kohlenhydr.
- **einfach ✓**
- **vegetarisch ✓**
- **schnell ✓**
- vitaminreich
- für Gäste

Für 2 Personen
- Zubereitungszeit: ca. 20 Min.
- ca. 250 kcal pro Portion

1 kleine blaue Aubergine • 1 rote Chilischote • 1 gelbe Zucchini • 1 Stange Lauch

1 EL Sojaöl • 100 g ungesüßte Kokosmilch (eigene Herstellung siehe S. 30) • 1 TL Currypulver • 40 g geschälte Mandeln

1 EL geh. Korianderblättchen • 1 EL geh. Borretsch • 1 EL geh. Basilikum • 1 TL Sojasauce • etwas Meersalz und Cayennepfeffer

1. Das Gemüse putzen und waschen. Die Aubergine in große Würfel schneiden. Die Chilischote längs aufschneiden, entkernen und in Ringe schneiden. Die Zucchini in Stifte und den Lauch in schmale Ringe schneiden.

2. Das Öl im Wok erhitzen. Kokosmilch und Curry darin aufkochen lassen. Das vorbereitete Gemüse und die Mandeln hinzufügen und alles in etwa 5 Minuten bissfest kochen.

3. Korianderblättchen, Borretsch und Basilikum dazugeben und den Eintopf mit Sojasauce, Salz und Chili abschmecken.

Tipps

Sie können dieses Gericht schön mit einigen blauen Borretschblüten garnieren.

Ergänzen Sie den Eintopf mit Reis oder Nudeln zu einer kompletten Mahlzeit.

Rinderfilet mit Sprossengemüse

200 g Rinderfilet • 1 Stück Ingwer (ca. 2 cm) •
1 Zwiebel • 1 rote Paprikaschote •
3 Frühlingszwiebeln • 1 rote Chilischote

2 EL Sojaöl • etwas Kräutersalz

125 g Sojasprossen •
60 ml veg. Gemüsebrühe (Instant)

1 EL Sojasauce

1. Das Fleisch in feine Streifen schneiden. Den Ingwer schälen und in feine Streifen schneiden. Die Zwiebel schälen und in schmale Ringe schneiden. Die Paprika waschen, entkernen und klein würfeln. Die Frühlingszwiebeln putzen, waschen und in Ringe schneiden. Die Chilischote waschen, entkernen und in feine Ringe schneiden.

2. Das Öl im Wok erhitzen. Das Fleisch darin unter Wenden portionsweise anbraten. Ingwer, Chili und Zwiebel hinzufügen und mitdünsten. Alles mit Kräutersalz würzen.

3. Die Sojasprossen abspülen und gut abtropfen lassen. Sprossen und Paprikawürfel zum Fleisch geben. Die Brühe angießen und alles bei offenem Deckel etwa 5 Minuten schmoren lassen.

4. Die Frühlingszwiebeln 2 Minuten vor Ende der Garzeit hinzufügen. Das Gericht nach Belieben mit Sojasauce und Salz abschmecken.

Tipp

Anstelle der Sojasprossen können Sie auch Linsensprossen, Alfalfa oder scharfe Rettichsprossen nehmen. Diese sind zarter als Sojasprossen und werden erst kurz vor Ende der Garzeit hinzugegeben.

- **Eiweiß ✓**
- neutral
- Kohlenhydr.
- **einfach ✓**
- vegetarisch
- **schnell ✓**
- **vitaminreich ✓**
- für Gäste

Für 2 Personen
- Zubereitungszeit: ca. 30 Min.
- ca. 330 kcal pro Portion

Chinesisches Fondue

Eiweiß ✓
neutral
Kohlenhydr.
einfach ✓
vegetarisch
schnell
vitaminreich
für Gäste ✓

Für 2 Personen
- Vorbereitungszeit: ca. 45 Min.
- Zeit zum Anfrosten: 2–3 Std.
- ca. 260 kcal pro Portion

250 g Rinderfilet • 6 getrocknete Shiitakepilze
125 g frischer Blattspinat • 3 Frühlingszwiebeln • 125 g Möhren • 1/4 Kopf Chinakohl
1 l veg. Gemüsebrühe (Instant) • etwas Meersalz und Cayennepfeffer • Sojasauce

1. Das Fleisch 2 – 3 Stunden im Gefrierfach anfrosten. In der Zwischenzeit die Pilze in lauwarmem Wasser einweichen.

2. Den Spinat waschen, abtropfen lassen und die harten Stiele entfernen. Die Frühlingszwiebeln waschen und schräg in Ringe schneiden. Die Möhren schälen, waschen und in dünne Streifen schneiden. Den Chinakohl waschen, vom Strunk befreien und in Streifen schneiden.

3. Die Shiitakepilze abtropfen lassen. Dann die Hüte kreuzweise mit einem scharfen Küchenmesser einritzen, die Stiele herausdrehen und entfernen.

4. Das Rinderfilet hauchdünn in Scheiben schneiden (am besten mit der Aufschnittmaschine). Zusammen mit dem Gemüse auf einer vorgekühlten Platte anrichten.

5. Die Brühe in einen Fonduetopf füllen, auf dem Herd erhitzen und den Topf dann auf ein Rechaud stellen. Die vorbereiteten Zutaten portionsweise in Fonduesiebe geben und in der Brühe etwa 2 Minuten garen. Das Fleisch nach Belieben mit Sojasauce, Salz und Cayennepfeffer würzen.

Tipps

Zum Chinesischen Fondue passt die Chilisauce mit Koriander (siehe S. 55). Auch Saucen mit vielen frischen Kräutern oder mit Curry schmecken gut.

Für eine einfache Currysauce können Sie zum Beispiel Joghurt mit etwas saurer Sahne verrühren und die Sauce mit einer Prise Curry sowie mit Zitronensaft würzen.

Auch eine Ingwersauce lässt sich leicht selbst herstellen: Dazu ein etwa daumengroßes Stück Ingwer schälen und fein hacken. Mit 3 EL Reisessig, 1/2 TL Honig oder Frutilose und 2 EL Sesamöl mischen.

Chicken Madras

2 EL Kokosraspel • 1/8 l Milch • 1 Zwiebel •
1 Knoblauchzehe • 1 Möhre
200 g Hähnchenbrustfilet • 1 EL Sojaöl •
etwas Meersalz • 1/2 TL Currypulver
75 ml veg. Gemüsebrühe (Instant)
1 kleine Chilischote • 50 g frische Ananaswürfel •
50 g Cashewkerne • 1 Pr. Paprikapulver •
1 EL Zitronensaft • 1 TL Frutilose

1. Die Kokosraspel in der Milch etwa 30 Minuten einweichen. In der Zwischenzeit die Zwiebel und den Knoblauch schälen und fein würfeln. Die Möhre schälen, waschen und in feine Scheiben schneiden.

2. Das Fleisch abspülen, trockentupfen und in etwa 2 cm große Würfel schneiden. Das Öl im Wok erhitzen. Das Fleisch darin von allen Seiten kräftig anbraten, herausnehmen und mit Salz und Curry bestäuben.

3. Zwiebel, Knoblauch und Möhre in das Bratfett geben und darin braten. Alles mit Brühe ablöschen und etwa 5 Minuten garen.

4. Inzwischen die Chilischote waschen, entkernen und in feine Ringe oder Streifen schneiden. Die Kokosmilch durch ein Sieb gießen und auffangen. Chili, Kokosmilch, Fleisch, Ananas und Cashewkerne unter das Gemüse rühren. Alles etwa 15 Minuten schmoren lassen. Mit Salz, Paprika, Curry, Zitronensaft und Frutilose abschmecken.

Kokosmilch

Kokosmilch wird in der asiatischen Küche vielseitig verwendet. Sie gibt indischen Currys (Gerichte mit Gemüse, Fleisch oder Fisch, die in einer Sauce gegart werden), Reisgerichten, Saucen und Suppen eine milde, cremig-milchige Grundlage.

Eiweiß ✓
neutral
Kohlenhydr.
einfach ✓
vegetarisch
schnell
vitaminreich
für Gäste

Für 2 Personen
- Zubereitungszeit: ca. 45 Min.
- Einweichzeit: ca. 30 Min.
- ca. 480 kcal pro Portion

oben: Hähnchenbrust mit Basilikum
unten: Entenbrust mit Zwergorangen

Hähnchenbrust mit Basilikum

Eiweiß ✓
neutral
Kohlenhydr.
einfach ✓
vegetarisch
schnell ✓
vitaminreich
für Gäste

Für 2 Personen
- Zubereitungszeit: ca. 25 Min.
- ca. 310 kcal pro Portion

2 Knoblauchzehen • 1 Zwiebel •
1 große rote Chilischote •
1/2 TL frische grüne Pfefferkörner
300 g Hähnchenbrustfilet • 2 EL Thai-Basilikumblätter (ersatzweise übliches Basilikum)
2 EL Sesamöl • 1 EL Sojasauce • 1/2 TL Honig

1. Den Knoblauch und die Zwiebel schälen und fein hacken. Die Chilischote waschen, längs halbieren, entkernen und fein würfeln. Die Pfefferkörner im Mörser zerstoßen und zusammen mit dem Knoblauch, der Zwiebel und dem Chili zu einer Paste verrühren.

2. Das Fleisch waschen, trockentupfen und in etwa 1 cm breite Streifen schneiden. Das Thai-Basilikum waschen, trockenschütteln und fein hacken.

3. Das Öl im Wok erhitzen und die Chili-Pfeffer-Paste darin andünsten. Das Fleisch dazugeben und bei großer Hitze unter Wenden etwa 5 Minuten braten. Mit Sojasauce und Honig abschmecken. Das gehackte Basilikum darüber streuen.

Thai-Basilikum

Thailändisches Basilikum erinnert geschmacklich sowohl an Basilikum als auch an Anis und ist ein sehr häufig verwendetes Gewürz in der thailändischen Küche. Leider ist es hier nicht immer zu bekommen, daher lohnt es sich, frisches Thai-Basilikum einzufrieren und auf diese Weise vorrätig zu haben.

Entenbrust mit Zwergorangen

Eiweiß ✓
neutral
Kohlenhydr.
einfach
vegetarisch
schnell
vitaminreich
für Gäste ✓

Für 2 Personen
- Zubereitungszeit: ca. 45 Min.
- ca. 520 kcal pro Portion

250 g Entenbrustfilet • etwas Meersalz
100 g Kumquats (Zwergorangen) • 1 Schalotte •
1 rote Chilischote • 1 Stück Ingwer (ca. 2 cm)
2 EL Sesamöl
1 TL Honig • 60 ml Orangensaft • 1 EL Zitronensaft
150 g frische Ananasstücke • 1 EL Koriandergrün

1. Die Haut der Entenbrustfilets mit einem scharfen Messer diagonal einritzen. Das Fleisch leicht salzen.

2. Die Kumquats waschen und abtrocknen. Die Schalotte schälen und fein würfeln. Die Chilischote waschen, längs durchschneiden, entkernen und in feine Streifen schneiden. Den Ingwer schälen und in feine Scheiben schneiden.

3. Das Öl im Wok erhitzen. Die Entenbrust darin von beiden Seiten etwa 8 Minuten anbraten und herausnehmen.

4. Schalotte, Chilischote und Ingwer in das Bratfett geben und darin einige Minuten dünsten. Honig, Orangen- und Zitronensaft hinzufügen und alles einige Minuten einkochen lassen.

5. Die Ananas und Kumquats dazugeben und etwa 5 Minuten mit köcheln lassen. Die Entenbrust zurück in den Wok geben und bei kleiner Hitze etwa 5 Minuten ziehen lassen. Alles mit Salz abschmecken und mit den gewaschenen Korianderblättchen bestreuen.

Fischfilets mit Limettensauce

Eiweiß ✓
neutral
Kohlenhydr.
einfach ✓
vegetarisch
schnell ✓
vitaminreich
für Gäste

Für 2 Personen
- Zubereitungszeit: ca. 25 Min.
- ca. 170 kcal pro Portion

1 Knoblauchzehe • 1 1/2 Schalotten • 1 Stiel Zitronengras • 1 große rote Chilischote

1/2 TL Honig • 1 EL Sojasauce • Saft von 1/2 Limette

2 Fischfilets à 150 g (z. B. Wolfsbarsch, Petersfisch, Kabeljau) • 1 EL Korianderblättchen

1. Den Knoblauch und die Schalotten schälen und fein hacken. Von dem Zitronengrasstiel die unteren 6 cm abschneiden, waschen, trockentupfen und längs vierteln. Die Viertel dann in sehr feine Stücke schneiden. Die Chilischote waschen und mit den Kernen fein hacken.

2. Knoblauch, Schalotten, Zitronengras und Chilischote zusammen in einen Wok geben, 75 ml Wasser, Honig, Sojasauce und Limettensaft hinzufügen und alles zum Kochen bringen.

3. Inzwischen die Fischfilets waschen, mit Küchenkrepp trockentupfen und in den Wok geben. Alles im Sud zugedeckt bei milder Hitze in 5 – 10 Minuten gar ziehen lassen. Die Fischfilets vorsichtig aus der Sauce heben und auf 2 Tellern anrichten. Etwas Sauce darüber gießen und das Gericht mit den gewaschenen Korianderblättchen bestreuen.

Fisch in Zellophan

300 g Gold- oder Rotbarschfilet • 1/4 TL Meersalz • 3 EL Reiswein oder Sherry	
3 Frühlingszwiebeln • 1 Stück Ingwer (ca. 2 cm)	
2 EL Sojaöl	
1 Stück Einmachzellophan	

1. Das Fischfilet abspülen, trockentupfen und quer in 2 cm breite Streifen schneiden. Dann den Fisch mit Salz betreuen und in Reiswein oder Sherry wenden.

2. Die Frühlingszwiebeln putzen, waschen und in schmale, etwa 4 cm lange Streifen schneiden. Den Ingwer schälen und in sehr feine Streifen schneiden. Aus dem Einmachzellophan etwa 16 Quadrate (à 15 x 15 cm) schneiden.

3. Das Öl in einem Wok erhitzen. Parallel dazu den Fisch sowie die Frühlingszwiebel- und Ingwerstreifen in separaten Schüsseln bereit stellen. Dann jeweils 1 Stück Fisch zügig mit etwas Frühlingszwiebel und Ingwer auf ein Zellophanquadrat legen und locker einpacken. Die Ränder mit etwas Wasser befeuchten und gut andrücken.

4. Die Fischpäckchen sofort im heißen Öl von beiden Seiten etwa 3 Minuten braten, auf einer vorgewärmten Platte anrichten und heiß servieren.

Tipps

Lassen Sie die Zellophanpäckchen vor dem Braten nicht zu lange liegen. Wenn sie durchweichen, besteht Spritzgefahr.

Servieren Sie den Fisch im Zellophan. Jeder Gast packt die Päckchen bei Tisch selbst aus.

Eiweiß ✓
neutral
Kohlenhydr.
einfach
vegetarisch
schnell ✓
vitaminreich
für Gäste ✓

Für 2 Personen
- Zubereitungszeit: ca. 30 Min.
- ca. 280 kcal pro Portion

oben: Glasierte Möhren mit Honig
unten: Frittierte Zucchini

Glasierte Möhren mit Honig

Eiweiß
neutral ✓
Kohlenhydr.
einfach ✓
vegetarisch ✓
schnell ✓
vitaminreich ✓
für Gäste

Für 2 Personen
- Zubereitungszeit: ca. 20 Min.
- ca. 310 kcal pro Portion

500 g kleine Frühlingsmöhren mit Grün
1 EL Maiskeimöl • 1 EL Butter • 1 EL Honig
1 EL Korianderblättchen • 50 g Pinienkerne • etwas Meersalz

1. Einen Topf mit wenig Wasser zum Kochen bringen. Inzwischen das Grün der Möhren bis auf ½ cm abschneiden. Die Möhren schälen, putzen, waschen und bei mittlerer Hitze zugedeckt 5 – 10 Minuten bissfest garen. Die Möhren dann in einem Sieb abtropfen lassen.

2. Das Öl in einem Wok erhitzen. Butter, Honig sowie 2 EL Wasser hinzufügen und alles aufkochen lassen. Die Möhren dazugeben und bei schwacher Hitze etwa 5 Minuten dünsten. Dabei mehrmals umrühren.

3. Zuletzt die Korianderblättchen waschen, trockenschütteln und fein hacken. Koriander und Pinienkerne über die Möhren verteilen. Alles mit etwas Salz abschmecken.

Tipps

Die Möhren sollen einen schönen Glanz bekommen. Achten Sie darauf, dass Sie die Temperatur nicht zu hoch einstellen, da sonst der Honig karamelisiert.

Noch kerniger schmecken die Pinienkerne, wenn sie vorher in einer trockenen Pfanne geröstet werden.

Frittierte Zucchini

Eiweiß
neutral
Kohlenhydr. ✓
einfach ✓
vegetarisch ✓
schnell ✓
vitaminreich
für Gäste

Für 2 Personen
- Zubereitungszeit: ca. 30 Min.
- ca. 350 kcal pro Portion

2 mittelgroße Zucchini • 1 Knoblauchzehe
65 g Kichererbsenmehl • 65 g Reismehl • ¼ TL gem. Ingwer • 1 Msp. Kurkuma • ½ TL Meersalz
Maiskeimöl zum Frittieren

1. Die Zucchini putzen, waschen, trockenreiben und in etwa fingerdicke Scheiben schneiden. Den Knoblauch schälen und durchpressen.

2. Das Kichererbsen- und das Reismehl in eine Schüssel geben. Den Knoblauch, Ingwer, Kurkuma, Salz und 65 ml Wasser dazugeben und alles zu einem glatten Teig verrühren.

3. Das Öl in einer Friteuse, einem großen Topf oder einem Wok erhitzen. Die Zucchinischeiben mit einer Gabel im Teig wenden und nacheinander knusprig frittieren. Auf Küchenkrepp abtropfen lassen und am besten sofort servieren.

Tipp

Reichen Sie zu den frittierten Zucchini einen Dip (z. B. Kräuterjoghurt, siehe S. 52) und Sie haben eine köstliche Vorspeise.

Kartoffelbällchen

- Eiweiß
- neutral
- **Kohlenhydr. ✓**
- einfach
- **vegetarisch ✓**
- schnell
- vitaminreich
- für Gäste

Für 2 Personen
- Zubereitungszeit: ca. 1 Std.
- ca. 340 kcal pro Portion

50 g frische oder TK-Erbsen • 300 g mehligkochende Kartoffeln • 2 Frühlingszwiebeln

etwas Kräutersalz • 1 EL geh. Korianderblättchen • 1 Pr. gem. Gelbwurz • 1 Pr. gem. Kardamom • 1 Pr. geriebene Muskatnuss • 1 TL Garam masala

1/2 l Maiskeimöl zum Frittieren • 2 EL Kichererbsenmehl

1. Die Erbsen in wenig Wasser etwa 15 Minuten garen. Parallel dazu die Kartoffeln in der Schale gar kochen, pellen und noch warm zerstampfen oder durch die Kartoffelpresse drücken. Die Frühlingszwiebeln putzen, waschen und sehr fein hacken.

2. Erbsen, Frühlingszwiebeln, Kräutersalz, Korianderblättchen, Gelbwurz, Kardamom, Muskatnuss und Garam masala zum Kartoffelbrei geben und alles gut verrühren. Aus der Masse mit angefeuchteten Händen etwa 10 kleine Bällchen formen.

3. Das Öl in einer Friteuse, einem Wok oder einem Topf erhitzen. Die Bällchen in dem Mehl wälzen und im heißen Öl goldbraun ausbacken.

Tipps

Sie können die Kartoffelbällchen auch mit anderem Gemüse zubereiten, wie z. B. Möhre, Sellerie oder Zucchini. Schneiden Sie das Gemüse dafür sehr klein. Mit dem Kräuterjoghurt (siehe S. 52) als Beilage haben Sie eine kleine Mahlzeit.

Garam masala ist eine Gewürzmischung aus Nordindien. Sie besteht gewöhnlich aus Kreuzkümmel, Koriander, Kardamom, Nelken, Lorbeerblättern und Zimt.

Brokkoli mit Knoblauch

300 g Brokkoli • 1 Knoblauchzehe	
3 EL Sesamöl	
2 EL veg. Gemüsebrühe (Instant) • etwas Meersalz • 1/4 TL Cayennepfeffer	

1. Den Brokkoli waschen und in Röschen teilen. Die Stiele in etwa 2 cm lange Stifte schneiden. Reichlich Wasser zum Kochen bringen und den Brokkoli darin etwa 3 Minuten blanchieren. Den Knoblauch schälen und fein hacken.

2. In einem Wok 2 EL Sesamöl erhitzen und den Knoblauch darin unter Wenden goldgelb anbraten. Den Brokkoli hinzugeben und alles unter Rühren in etwa 3 Minuten bissfest dünsten.

3. Die Brühe hinzufügen und das Gemüse noch einmal kurz durchschmoren lassen. Den Brokkoli dann pikant mit Salz und Cayennepfeffer abschmecken. Zum Schluss 1 EL Sesamöl unter den Brokkoli mischen und das Gericht sofort servieren.

Eiweiß
neutral ✓
Kohlenhydr
einfach ✓
vegetarisch ✓
schnell ✓
vitaminreich ✓
für Gäste

Für 2 Personen
- Zubereitungszeit: ca. 20 Min.
- ca. 210 kcal pro Portion

Frühlingsgemüse

Eiweiß
neutral ✓
Kohlenhydr.
einfach ✓
vegetarisch ✓
schnell
vitaminreich ✓
für Gäste

Für 2 Personen
- Zubereitungszeit: ca. 25 Min.
- ca. 190 kcal pro Portion

2 Frühlingszwiebeln • 1/2 rote Paprikaschote • 50 g Sojabohnenkeimlinge • 100 g Zuckerschoten • 1 Knoblauchzehe

2 EL Maiskeimöl • 2 EL Sojasauce

4 EL Gemüsebrühe • etwas Meersalz • etwas gem. Szetschuan-Pfeffer • 1 EL Schnittlauchröllchen

1. Das Gemüse putzen und waschen. Die Frühlingszwiebeln fein würfeln, die Paprikaschote entkernen und in feine Streifen schneiden. Die Zuckerschoten eventuell entfädeln. Den Knoblauch schälen und durch die Presse drücken.

2. Das Öl in einem Wok erhitzen. Den Knoblauch darin goldgelb braten. Dann das Gemüse und die Sojasauce hinzufügen und alles unter Rühren kräftig anbraten.

3. Zum Schluss die Gemüsebrühe dazugeben und das Frühlingsgemüse mit Salz und Szetschuan-Pfeffer abschmecken.
Die Schnittlauchröllchen darüber streuen.

Szetschuan-Pfeffer

Szetschuan-Pfeffer, auch Anispfeffer oder Japanischer Pfeffer genannt, wird aus den getrockneten Früchten eines kleinen, in Japan, Korea und China wachsenden Baumes gewonnen. Es gibt ihn in asiatischen Geschäften ganz oder gemahlen zu kaufen, und er schmeckt stark pfeffrig mit leichtem Zitronenaroma.

Pak-Choi mit Cashewkernen

$^1/_2$ Kopf Pak-Choi (chinesischer Kohl, ersatzweise Chinakohl) • 1 Zwiebel • 1 Knoblauchzehe • 1 kleine rote Chilischote

2 EL Sojaöl • 1 EL Cashewkerne • etwas Kräutersalz • 1 Pr. Cayennepfeffer

1. Den Pak-Choi waschen, putzen und klein schneiden. Die Zwiebel schälen und würfeln. Den Knoblauch schälen und in Scheiben schneiden. Die Chilischote waschen, entkernen und in Ringe oder Streifen schneiden.

2. Das Öl im Wok erhitzen. Die Cashewkerne darin goldbraun rösten. Pak-Choi, Zwiebel, Knoblauch und Chili hinzufügen und alles unter Rühren 6 – 8 Minuten braten. Mit Kräutersalz und Cayennepfeffer abschmecken.

Tipps

Auch wenn Reis ein äußerst wichtiges Lebensmittel in der asiatischen Küche ist, brauchen Nudelfans nicht zu verzichten. In Asienläden erhalten sie eine Vielfalt von Nudelsorten, die sehr gut zu neutralen Gemüsegerichten wie dem Pak-Choi passen.

Reisnudeln sind dabei mehr Reis als Nudel, denn sie bestehen aus Reismehl, dem manchmal auch Weizenmehl untergemischt wurde.

Glasnudeln, auch als China-Fadennudel bezeichnet, sind ebenfalls keine Teigwaren im eigentlichen Sinne. Sie bestehen aus Mungobohnenmehl und werden vor allem als Suppeneinlage verwendet, denn sie sind geschmacksneutral und nehmen sehr leicht das Aroma der Zutaten und Gewürze der Suppe an.

Eiweiß
neutral ✓
Kohlenhydr.
einfach ✓
vegetarisch ✓
schnell ✓
vitaminreich
für Gäste

Für 2 Personen
- Zubereitungszeit: ca. 20 Min.
- ca. 150 kcal pro Portion

oben: Austernpilze
unten: Kräuterjoghurt

Austernpilze mit Knoblauchsauce

Eiweiß
neutral ✓
Kohlenhydr.
einfach ✓
vegetarisch ✓
schnell ✓
vitaminreich
für Gäste

Für 2 Personen
- Zubereitungszeit: ca. 25 Min.
- ca. 160 kcal pro Portion

500 g Austernpilze • 2 Knoblauchzehen
2 EL Maiskeimöl • 1 EL Reiswein • 1 EL Sojasauce • 100 ml veg. Gemüsebrühe (Instant)
1 Msp. Johannisbrotkernmehl • etwas Kräutersalz • etwas Cayennepfeffer • 1 EL geh. Korianderblättchen

1. Reichlich Wasser in einem Topf zum Kochen bringen. In der Zwischenzeit die Pilze mit Küchenkrepp abreiben und von den Stielen befreien. Große Pilzhüte halbieren. Den Knoblauch schälen und fein hacken.

2. Die Pilze in dem kochenden Wasser etwa 1 Minute blanchieren. Die Pilze herausnehmen und abtropfen lassen.

3. Den Knoblauch im heißen Öl anbraten. Reiswein, Sojasauce und Brühe dazugießen.

4. Die Pilze hinzufügen und einige Minuten mitgaren. Das Johannisbrotkernmehl unter die Sauce mischen und alles etwas eindicken lassen. Das Gericht zum Schluss mit Kräutersalz sowie Cayennepfeffer würzen und den gehackten Koriander darüber streuen.

Tipp

Johannisbrotkernmehl ist ein pflanzliches Bindemittel. Es schmeckt neutral, ist kalorien- und kohlenhydratarm. Im Reformhaus können Sie es unter der Bezeichnung Nestargel oder Biobin kaufen.

Kräuterjoghurt

Eiweiß
neutral ✓
Kohlenhydr.
einfach ✓
vegetarisch ✓
schnell ✓
vitaminreich
für Gäste

Für 2 Personen
- Zubereitungszeit: ca. 10 Min.
- ca. 90 kcal pro Portion

2 Zweige Basilikum • 1/2 Bund Petersilie • 2 Zweige Estragon • einige Zweige Pimpinelle • 1 EL Borretschblättchen • 1/2 Bund Schnittlauch
250 g Joghurt • 1/4 TL gem. Kreuzkümmel • etwas Meersalz • etwas abgeriebene Zitronenschale

1. Die Kräuterzweige waschen, trockenschütteln und die Blättchen abzupfen. Die Borretschblätter waschen und trockentupfen. Die Kräuter sehr fein hacken. Den Schnittlauch in schmale Röllchen schneiden.

2. Den Joghurt in eine Schüssel geben und mit den Kräutern verrühren. Alles mit Kreuzkümmel, Salz und Zitronenschale abschmecken. Den Kräuterjoghurt gekühlt servieren.

Kräuter

Durch ihren Gehalt an Vitalstoffen und ätherischen Ölen sind besonders frische Kräuter eine wertvolle Nahrungsergänzung. Außerdem bieten Kräuter die wunderbare Möglichkeit, durch einfache Variationen aus bekannten Gerichten interessante Überraschungen zu zaubern.

Versuchen Sie diesen Kräuterjoghurt auch einmal ganz anders: Mischen Sie den Joghurt mit Kurkuma- und Ingwerpulver, Salz und Cayennepfeffer. Sie erhalten eine Sauce, die sehr gut zu gebratenem Geflügel passt.

Massam-Currypaste

Eiweiß
neutral ✓
Kohlenhydr.
einfach ✓
vegetarisch ✓
schnell ✓
vitaminreich
für Gäste

Ergibt ca. 6 EL
- Zubereitungszeit: ca. 20 Min.
- ca. 60 kcal pro Stück

2 getr. Chilischoten • 1/2 EL Kreuzkümmelsamen • 1 Sternanis
1 Zwiebel • 6 Knoblauchzehen
3 EL neutrales Öl
1 Stück Galgantwurzel (ca. 2 cm) •
1 Stiel Zitronengras • 1 Stück Schale der Kaffir-Zitrone

1. Die Chilischoten aufschneiden, entkernen und in warmem Wasser etwa 10 Minuten einweichen. Inzwischen den Kreuzkümmel und den Sternanis in einem Wok ohne Fettzugabe rösten, abkühlen lassen und im Mörser zerstoßen.

2. Die Zwiebel und den Knoblauch schälen und sehr fein hacken. Die Chilischoten abtropfen lassen und ebenfalls fein hacken.

3. Das Öl im Wok erhitzen. Zwiebel, Knoblauch und Chili darin goldbraun braten und abkühlen lassen.

4. In der Zwischenzeit die Galgantwurzel schälen und fein hacken. Vom Zitronengras die unteren 10 cm abschneiden, waschen und fein hacken. Die Zitronenschale in feine Streifen schneiden.

5. Alle Zutaten in eine Schüssel geben und mit einem Mörser zu einer Paste verarbeiten.

Sternanis

Sternanis ist vor allem in China sehr beliebt, wird aber auch in Indien eingesetzt. Seine Früchte befinden sich in kleinen, sternförmig angeordneten Samenhülsen. Sternanis schmeckt intensiv bittersüßlich nach Lakritze.

Verwenden Sie ihn sparsam. Wenige Anissamen reichen bereits zum Würzen eines Gerichts. Am intensivsten schmeckt Sternanis, wenn Sie ihn kurz vor der Verwendung zerstoßen.

Kaffir-Zitrone

Die Kaffir-Zitrone, auch Kaffir-Limette genannt, wächst in Südostasien und auf Hawaii. Sie hat eine dicke, schrumpelige Schale, wenig Saft und ist sehr aromatisch. Die abgeriebene Schale verleiht vielen asiatischen Gerichten ein feines Zitronenaroma.

Wenn Sie keine Kaffir-Zitronenschale bekommen, ersetzen Sie sie einfach durch eine Schale von Zitronen oder Limetten.

Chilisauce mit Koriander

2 große orange Chilischoten • 1 Knoblauchzehe •
1/2 Schalotte
1/2 Bund Koriander
1 EL Sojasauce • 1 EL Limettensaft • etwas Meersalz

1. Die Chilischoten waschen, der Länge nach durchschneiden, entkernen und sehr fein hacken. Den Knoblauch und die Schalotte schälen und ebenfalls fein hacken.

2. Den Koriander waschen und trockenschütteln. Die Blätter von den Stielen zupfen und hacken.

3. Die Zutaten in eine Schüssel geben und mit Sojasauce sowie Limettensaft verrühren. Die Chilisauce abschließend mit Salz abschmecken.

Koriander

Frischer Koriander erinnert an glattblättrige Petersilie und wird in der asiatischen Küche vielseitig verwendet.

Das Koriandergrün ist etwas schwer erhältlich. Leichter zu kaufen sind Koriandersamen. Mit diesen können Sie sehr einfach Koriander im Blumenkasten oder im Garten wachsen lassen.

Die pfefferkornähnlichen Koriandersamen dienen in gemahlener Form auch als Gewürz. Sie duften nach Zitrone und Moschus und aromatisieren Fisch, Reis, Currys, Marinaden und Kuchen.

Nicht nur Blätter und Samen werden verwendet. Auch die sehr geschmacksintensive Korianderwurzel wird in Asien gern fein gehackt den Gerichten beigemischt.

Eiweiß ✓
neutral
Kohlenhydr.
einfach ✓
vegetarisch ✓
schnell ✓
vitaminreich
für Gäste

Für 2 Personen
- Zubereitungszeit: ca. 10 Min.
- ca. 70 kcal pro Portion

oben: Walnussmus mit Feigen
unten: Frittierte Äpfel mit Sesam

Walnussmus mit Feigen

Eiweiß
neutral
Kohlenhydr. ✓
einfach ✓
vegetarisch ✓
schnell ✓
vitaminreich
für Gäste

Für 2 Personen
- Zubereitungszeit: ca. 20 Min.
- ca. 420 kcal pro Portion

2 Scheiben Vollkorntoastbrot • 1 Eigelb
2 EL neutrales Pflanzenöl • 4 EL Walnusskerne •
50 g Datteln • 1 EL Frutilose
2 frische Feigen

1. Die Toastbrotscheiben in Würfel schneiden und in ⅛ l Wasser kurz einweichen. Brotwürfel ausdrücken und mit dem Eigelb verrühren.

2. In einem kleinen Topf 1 EL Öl erhitzen. Die Walnüsse darin rösten, etwas abkühlen lassen und fein hacken. 1 TL davon zum Garnieren beiseite stellen. Die Datteln entkernen und ebenfalls fein hacken.

3. Wieder 1 EL Öl erhitzen. Die Brotwürfel darin unter Rühren etwa 5 Minuten hellbraun rösten. Datteln sowie Frutilose hinzufügen und kurz mitbraten. Dann die gehackten Walnüsse dazugeben und alles noch einige Minuten weiter rösten.

4. Die Walnussmasse auf 2 Teller verteilen und mit den zurückbehaltenen Walnüssen bestreuen. Die Feigen waschen, vierteln und auf den Tellern anrichten.

Frittierte Äpfel mit Sesam

Eiweiß
neutral
Kohlenhydr. ✓
einfach ✓
vegetarisch ✓
schnell ✓
vitaminreich
für Gäste

Für 2 Personen
- Zubereitungszeit: ca. 25 Min.
- ca. 390 kcal pro Portion

1 EL Sesamsamen
2 mittelgroße mürbe Äpfel • 60 g Maisstärke
400 ml Maiskeimöl zum Frittieren

1. Die Sesamsamen in einer Pfanne ohne Fettzugabe goldbraun rösten, herausnehmen und abkühlen lassen.

2. Die Äpfel schälen, das Kerngehäuse entfernen und in Scheiben schneiden. Die Apfelscheiben in der Maisstärke wenden, sodass sie ganz damit überzogen sind.

3. Das Öl in einer Fritteuse, einem Wok oder einem Topf erhitzen. Die Äpfel vorsichtig hineingeben und etwa 3 Minuten frittieren, bis sie goldgelb sind. Die Äpfel herausnehmen und auf Küchenkrepp abtropfen lassen.

4. Die Äpfel mit dem gerösteten Sesam bestreuen und sofort servieren.

Tipp

Essen Sie die „Frittierten Äpfel mit Sesam" als Dessert zu einer Kohlenhydratmahlzeit. Suchen Sie sich dafür ein neutrales Gemüsegericht aus den Rezepten aus, ergänzt mit Reis oder Teigwaren. Oder wählen Sie ein Hauptgericht der Kohlenhydratgruppe. Die frittierten Äpfel harmonieren mit vielen Geschmacksrichtungen.

Gebackene Bananen mit Honig

Eiweiß
neutral
Kohlenhydr. ✓
einfach ✓
vegetarisch ✓
schnell ✓
vitaminreich
für Gäste ✓

Für 2 Personen

- Zubereitungszeit: ca. 25 Min.
- ca. 440 kcal pro Portion

50 g Weizenvollkornmehl • 1/2 TL Weinsteinbackpulver • 65 ml ungesüßte Kokosmilch (eigene Herstellung siehe S. 30) • 1 Pr. Meersalz
1 EL Sesamsamen
Maiskeimöl zum Frittieren • 2 Bananen
1 EL flüssiger Honig

1. Das Mehl in eine Schüssel geben und mit dem Backpulver mischen. Kokosmilch, 50 ml Wasser und Salz hinzufügen und alles zu einem glatten, dickflüssigen Teig verrühren.

2. Die Sesamsamen in einer Pfanne ohne Fettzugabe hellbraun rösten, herausnehmen und abkühlen lassen.

3. Das Öl in einer Fritteuse, einem Wok oder einem hohen Topf erhitzen. Die Bananen schälen und schräg in etwa 3 cm dicke Scheiben schneiden. Diese mit einer Gabel in den Teig tauchen, etwas abtropfen lassen und portionsweise im heißen Fett goldgelb backen. Die fertig gebackenen Bananenscheiben auf Küchenkrepp abtropfen lassen und warm stellen.

4. Die gebackenen Bananen auf 2 Tellern anrichten und den Honig gleichmäßig darüber verteilen. Das Ganze mit den gerösteten Sesamsamen bestreuen und am besten sofort servieren.

Gefüllte Kantalupe-Melone

1 Kantalupe-Melone
1 kleine Mango
1 Pfirsich
125 g frische Ananaswürfel • 2 EL Frutilose • 1 EL Zitronensaft

1. Von der Melone etwa 3 cm unterhalb des Stielansatzes einen Deckel abschneiden. Das Melonenfruchtfleisch mit einem Messer herauslösen und von den Kernen befreien. Etwa 100 g Fruchtfleisch würfeln und den Rest anderweitig verwenden.

2. Die Mango schälen und an den Breitseiten des flachen Steins von oben nach unten jeweils eine Fruchtfleischscheibe herunterschneiden. Das am Stein verbliebene Mangofleisch separat abschneiden. Alles würfeln.

3. Den Pfirsich über Kreuz einritzen, mit kochendem Wasser überbrühen, abschrecken und enthäuten. Den Pfirsich halbieren, den Kern herauslösen und das Fruchtfleisch würfeln.

4. Das vorbereitete Obst mit den Ananaswürfeln, der Frutilose und dem Zitronensaft mischen und in die Melonenschale füllen. Alles etwa 10 Minuten kühl stellen.

Kantalupe-Melone

Die Kantalupe- oder Warzenmelone ist eine aromatische, süße, aber auch sehr empfindliche Dessertfrucht. Sie sollte nicht länger als 6 Tage gelagert und vor Stoß oder Druck geschützt werden.

Zu den am meisten angebauten Kantalupe-Melonen gehört die Charentais-Melone.

Eiweiß ✓
neutral
Kohlenhydr.
einfach
vegetarisch ✓
schnell
vitaminreich ✓
für Gäste ✓

Für 2 Personen
- Zubereitungszeit: ca. 35 Min.
- ca. 160 kcal pro Portion

oben: Exotischer Fruchtsalat
unten: Ananaseis mit Kokosraspeln

Exotischer Fruchtsalat

Eiweiß ✓
neutral
Kohlenhydr.
einfach
vegetarisch ✓
schnell
vitaminreich ✓
für Gäste

Für 2 Personen
- Zubereitungszeit: ca. 35 Min.
- ca. 200 kcal pro Portion

1 rosa Grapefruit
1 Mango • 1/2 kleine Honigmelone •
1 Mangostane • 1 Tamarillo • 1 Kiwi
1 EL weißen Rum • 1 TL Frutilose •
einige Blätter Minze

1. Die Grapefruit oben und unten flach abschneiden und auf eine Schnittfläche stellen. Mit einem Messer die Schale von oben herunter schneiden, sodass die weiße Haut mitentfernt wird. Die Filets zwischen den Trennwänden herausschneiden, den Fruchtsaft auffangen.

2. Die Mango schälen und in Spalten vom Stein schneiden. Die Melone aufschneiden, entkernen und aus dem Fruchtfleisch kleine Kugeln ausstechen. Die Mangostane schälen und das Fruchtfleisch in die einzelnen Segmente zerteilen. Die Tamarillo und die Kiwi schälen und in Scheiben schneiden.

3. Den aufgefangenen Grapefruitsaft mit Rum und Frutilose verrühren. Die Minzeblättchen waschen, trockenschütteln und in feine Streifen schneiden. Die Minze zur Sauce geben und die Früchte darunter mischen. Den Salat etwa 15 Minuten ziehen lassen.

Ananaseis mit Kokosraspeln

Eiweiß ✓
neutral
Kohlenhydr.
einfach
vegetarisch ✓
schnell
vitaminreich
für Gäste ✓

Für 2 Personen
- Zubereitungszeit: ca. 25 Min.
- Gefrierzeit: ca. 3 Std.
- ca. 460 kcal pro Portion

125 g frische Ananasstücke • 3 EL Frutilose
200 ml Milch • 100 g süße Sahne • 3 Eigelb
2 EL Kokosraspel

1. Die Hälfte der Ananas in kleine Würfel schneiden. Den Rest zusammen mit 1 EL Frutilose und 1 EL Wasser in einen Topf geben und erhitzen. Die Ananasmischung pürieren. Die Ananaswürfel dazugeben, alles etwa 5 Minuten kochen und dann abkühlen lassen.

2. Die Milch zusammen mit der Sahne in einem zweiten Topf zum Kochen bringen und ebenfalls vom Herd nehmen. Die Eigelbe zusammen mit 2 EL Frutilose aufschlagen, bis eine cremige Masse entstanden ist. Die Eigelbcreme unter die Milch-Sahne-Mischung rühren. So lange weiter schlagen, bis die Masse cremig gebunden ist.

3. Die Eier-Milch-Creme mit der vorbereiteten Ananas gut verrühren. Die Masse in eine Metallschüssel füllen, abkühlen lassen und in das Gefriergerät stellen. Das Eis etwa 3 Stunden gefrieren lassen. Dabei alle 20 Minuten umrühren.

4. Die Kokosraspel in einer Pfanne ohne Fettzugabe rösten und abkühlen lassen. Das Eis zu Kugeln ausstechen, in den Kokosraspeln wenden und servieren.

Alphabetisches Rezeptverzeichnis

Rezeptverzeichnis nach Rubriken

Snacks und kleine Gerichte

Vorspeisen und Suppen

Hauptgerichte

Beilagen und Saucen

Desserts

Impressum

Im FALKEN Verlag sind zahlreiche Titel zum Thema „Trennkost" erschienen.
Sie sind überall erhältlich, wo es Bücher gibt.

Sie finden uns im Internet: **www.falken.de**

Allen Leserinnen und Lesern, die mehr über die Trennkost erfahren wollen,
gibt die Autorin dieses Buches gerne Auskunft. Die Adresse lautet:

Ursula Summ
Postfach Buzon Nr.: 356
Calle Patricio Ferrandiz 40
03700 Denia/Alicante
Fax: 0034/96/5784715
E-Mail: trennkost.summ@teleline.es

Weitere Informationen zu Trennkost finden Sie auch unter: www.trennkost.de

Dieses Buch wurde auf chlorfrei gebleichtem und säurefreiem Papier gedruckt.

Der Text dieses Buches entspricht den Regeln der neuen deutschen Rechtschreibung.

ISBN 3 8068 2592 0

Umschlaggestaltung: Martina Eisele, München
Gestaltung: red.sign, Stuttgart
Redaktion: Birgit Hinsch
Herstellung: Christina Dinkel
Titelbild: Klaus Arras, Köln
Weitere Fotos auf dem Umschlag: Umschlag hinten: Dr. Gerhard Kebbel, Frankfurt. Das Bild auf der Umschlaginnenseite vorne, unten wurde dem FALKEN Verlag freundlicher Weise von dem Fotografen zu Verfügung gestellt; oben: Dr. Gerhard Kebbel, Frankfurt. FALKEN Archiv: Umschlagklappe hinten, innen, li.o., li.M., li.u. (W. Feiler); Umschlagklappe hinten, innen, re.o., re.M., re.u. (U. Kopp); Umschlagklappe hinten, außen, li., re. (TLC)
Rezeptfotos: TLC Foto-Studio GmbH, Velen-Ramsdorf
Weitere Fotos im Innenteil: S. 8/9: TLC Foto-Studio GmbH. FALKEN Archiv: S. 1 unten, 8 oben (R. Schmitz), S. 1 oben, 4, 5, 6, 7, 8 unten, 9 (TLC)

Satz: FALKEN Verlag, Niedernhausen/Ts.
Druck: Druckhaus Cramer, Greven

817 2635 4453 6271